영어 걱정 없이 떠나는
돈워리 여행영어

지은이 박신규
펴낸이 정규도
펴낸곳 (주)다락원

초판 1쇄 발행 2016년 8월 16일
초판 3쇄 발행 2019년 10월 28일

책임편집 유나래, 장의연
디자인 싱타디자인 고희선
일러스트 신동민
전산편집 이현해

[다락원] 경기도 파주시 문발로 211, 10881
내용 문의: (02)736-2031 내선 523
구입 문의: (02)736-2031 내선 250~252
Fax: (02)732-2037
출판등록 1977년 9월 16일 제406-2008-000007호

Copyright ⓒ 2016, 박신규

저자 및 출판사의 허락 없이 이 책의 일부 또는 전부를
무단 복제·전재·발췌할 수 없습니다. 구입 후 철회는 회사
내규에 부합하는 경우에 가능하므로 구입 문의처에 문의
하시기 바랍니다. 분실·파손 등에 따른 소비자 피해에
대해서는 공정거래위원회에서 고시한 소비자 분쟁 해결
기준에 따라 보상 가능합니다. 잘못된 책은 바꿔 드립니다.

값 11,000원
ISBN 978-89-277-0080-7 13740

http://www.darakwon.co.kr
다락원 홈페이지를 방문하시면 상세한 출판 정보와 함께
MP3 자료 등 다양한 정보를 얻으실 수 있습니다.

영어 걱정 없이 떠나는

DON'T WORRY!
돈워리 여행영어

박신규 지음

Writer's Letter

뉴욕, 런던, 괌, 홍콩…
세계 어딜 가도
40개 패턴이면 문제 없습니다

패턴 40개만 얼른 외우고 나머지 시간은 여행 준비하세요!

설레는 해외여행을 앞두고 영어 못해서 걱정이신 분들 많으시죠? 여행지에서 영어 걱정 없이 즐기고 싶으신 분들께 가장 쉽고 효과적인 방법은 늘상 쓰는 문장패턴을 익혀두는 겁니다. 여기에 단어만 바꿔 넣으면 되기 때문에 영어 초보자도 쉽게 응용해서 말할 수 있거든요.

  물론 즐거운 여행을 앞두고 일정 짜고 짐 챙기기도 바쁜데 일부러 틈 내서 문장패턴을 공부하기는 쉽지 않습니다. 그래서 이 책에는 해외여행에서 언제든지 쉽게 사용할 수 있는 영어패턴을 딱 40개만 뽑아 정리했습니다. 사용 빈도가 적은 패턴과 표현은 생략하고, 해외여행 도중에 부딪치게 되는 여러 상황 속에서 정말 유용하게 쓸 만한 패턴만 담았습니다. 이 패턴에 단어만 바꿔 끼우면 일상 생활에서도 얼마든지 쓸 수 있으니 일석이조입니다.

  이 책에 나온 패턴과 표현은 제가 실제로 샌프란시스코, 괌, 홍콩, 싱가포르 등 해외를 여행하면서 가장 많이 썼던 것들입니다. 물론 더 많은 영어표현을 구사할 수 있으면 좋겠지만, 실제로 여행에서 많이 쓰는 패턴과 표현은 정해져 있습니다. 더도 덜도 말고 여기 나온 40개 패턴만 알아도 영어 걱정 없이 자신 있게 해외여행을 떠날 수 있습니다.

생생한 현지 사진을 보며 여행을 미리 체험하세요!

이 책에는 또한 제가 여행 다니면서 찍은 사진, 친지와 수강생 분들이 해외여행을 하면서 찍어 주신 사진 등 알아두면 좋은 영어가 담긴 사진을 골라 실었습니다. 길거리의 방향 안내 표지판, 가게 간판, 교통 표지판 등 해외 여행 분위기가 물씬 나는 생생한 사진으로 먼저 외국을 경험해보세요. 사진 속 영어를 눈으로 직접 확인하면서 해외 여행을 미리 시뮬레이션해 보면, 실제 외국에 나갔을 때도 당황하지 않고 금방 길을 찾을 수 있습니다.

저와 함께 하는 음성강의라면 혼자 공부도 외롭지 않아요!

아무리 좋은 책이라도 책장에 꽂아만 두면 소용이 없겠지요. 제 수업 수강생 분들과 제 블로그를 방문하신 분들 중에서는 책은 좋지만 혼자 공부하기가 너무 힘들다고 하소연하시는 경우가 많습니다. 이런 분들을 위해 이 책에는 40개의 미니강의를 실어 혼자 공부하는 분들도 어렵지 않게 학습하실 수 있습니다. QR코드를 찍으면 바로 강의를 들으실 수 있습니다. 여러분의 영어 길잡이 저 박신규가 여러분의 영어공부가 외롭지 않게 도와드립니다. 영어에 자신 없는 분들도 저와 함께 영어 걱정 없이 해외여행을 즐겨 보세요!

　마지막으로, 다양한 해외여행 사진을 제공해 준 친구들과 수강생 여러분, 멋진 책이 출간되도록 기회를 주신 다락원 편집부에게 진심으로 감사 드립니다. 또한, 항상 제 곁에서 큰 힘이 되어 주는 가족들에게도 이번 기회를 통해 감사한 마음을 전하고 싶습니다.

From 박신규

How to Use

영어 걱정 없는 여행 준비, 이렇게 하세요!

1
돈워리 패턴 40개를 강의와 함께 스캔하세요

여행에서 가장 많이 쓰는 패턴 40개를 뽑아 정리했습니다. 여기에 나온 패턴만 잘 익혀도 해외여행은 문제 없습니다. 발음에 자신 없는 분들은 현지 발음과 가장 흡사하게 표기한 한국어 발음 표기를 따라 읽으며 준비운동부터 하셔도 좋습니다. '이렇게도 말해요' 코너에서는 추가로 쓸 수 있는 다양한 문답 표현을 알려드립니다.

스마트폰으로 QR코드를 찍으면 저자 선생님의 미니강의가 나와요!

2
MORE TALKING에서 추가 표현을 확인하세요

패턴이 아무리 좋아도 패턴으로 해결 안 되는 표현들이 있습니다. 여행지에서 꼭 쓰는 이런 표현을 입국 심사 받기, 택시 타기, 길 찾기, 공연 보기 등 많이 부딪히는 상황별로 정리했습니다. 한국어 해석을 보며 필요한 문장을 먼저 찾아보는 것도 방법입니다. 단어만 간단히 바꿔 넣으면 되는 패턴 문장도 함께 실었습니다.

패턴으로 해결 안 되는 다양한 여행영어 표현은 여기에서 확인하세요!

3
MORE WORDS에서 중요 단어를 확인하세요

급할 때는 문장이고 뭐고 단어만 알아도 간단한 의사소통이 됩니다. 그래서 여행지에서 꼭 쓰는 단어를 주제별로 정리했습니다.

영어문장이 안 떠오른다고요? 갑자기 영어가 급할 땐 MORE WORDS로!

4
여행영어 포토 사전으로 여행을 미리 체험하세요

현장감이 느껴지는 생생한 사진과 함께 꼭 알아야 할 키워드 단어를 정리했습니다. 여행 현지에서 볼 수 있는 표지판, 간판, 팻말 등을 보면서 여행을 시뮬레이션해 볼 수 있습니다.

'들여다보기' 코너에서는 표지판 및 팻말에 나오는 영어를 확대해 무슨 뜻인지 자세히 알려 줍니다.

5
여행영어 핸드북을 가방에 넣고 공항으로 출발!

여행영어책에 별책부록이 없으면 아쉽죠? 여행지에서 꼭 쓰는 주요 표현을 한눈에 보기 쉽게 정리해서, 따로 들고 다니기 편한 사이즈로 만들었습니다. 여행 갈 때 이 핸드북 하나만 들고 가면 오케이!

작고 가벼워서 가지고 다니기 딱 좋아요!

미니강의와 네이티브 녹음 MP3파일을 쉽게 듣는 3가지 방법!

하나! 네이티브의 생생한 발음이 녹아 있는 MP3 파일을 다락원 홈페이지(darakwon.co.kr)에서 무료로 받을 수 있습니다. 컴퓨터나 MP3 플레이어를 이용해 들어 보세요.

둘! 스마트폰으로 옆에 있는 QR코드를 스캔하면 다락원 홈페이지의 MP3 듣기 페이지로 바로 이동합니다. 모바일로 접속하면 회원가입과 로그인 없이도 MP3를 바로 들을 수 있습니다.

셋! 콜롬북스 어플을 다운 받으면 어플을 통해 MP3를 무료로 이용하실 수 있습니다. (단, 아이폰 어플은 스트리밍만 지원)

Contents
이 책의 목차

UNIT 1 공항에서 At the Airport

돈워리패턴 01	항공편을 예약하고 싶어요.	16
돈워리패턴 02	여권 좀 보여 주시겠어요?	18
돈워리패턴 03	탑승구를 어디서 찾을 수 있어요?	20
돈워리패턴 04	방문 목적이 무엇입니까?	22
돈워리패턴 05	관광하러 왔어요.	24
돈워리패턴 06	얼마나 머무를 예정입니까?	26
MORE TALKING	공항에서 꼭 쓰는 표현	28
MORE WORDS	공항에서 꼭 쓰는 단어	35

UNIT 2 기내에서 On the Plane

돈워리패턴 07	좌석벨트를 착용해 주세요.	38
돈워리패턴 08	자리를 바꿔도 될까요?	40
돈워리패턴 09	커피랑 주스 중에 뭘 드시겠습니까?	42
MORE TALKING	기내에서 꼭 쓰는 표현	44
MORE WORDS	기내에서 꼭 쓰는 단어	49

UNIT 3　교통 Transportation

돈워리패턴 10	버스 정류장은 어디에 있어요?	52
돈워리패턴 11	공항으로 가 주세요.	54
돈워리패턴 12	공항까지 시간이 얼마나 걸려요?	56
돈워리패턴 13	요금이 얼마예요?	58
돈워리패턴 14	차를 렌트하고 싶어요.	60
MORE TALKING	교통 이용할 때 꼭 쓰는 표현	62
MORE WORD	교통 이용할 때 꼭 쓰는 단어	69

UNIT 4　호텔에서 In the Hotel

돈워리패턴 15	어떻게 도와드릴까요?	72
돈워리패턴 16	제 신용카드 여기 있어요.	74
돈워리패턴 17	수영장이 있나요?	76
돈워리패턴 18	아침 식사는 몇 시에 시작하나요?	78
돈워리패턴 19	룸서비스 부탁해요.	80
MORE TALKING	호텔에서 꼭 쓰는 표현	82
MORE WORDS	호텔에서 꼭 쓰는 단어	87

UNIT 5　거리에서 On the Street

돈워리패턴 20	여기가 어딘지 알려 주시겠어요?	90
돈워리패턴 21	이곳은 어떻게 가나요?	92
돈워리패턴 22	이 근처에 주유소가 있어요?	94
돈워리패턴 23	가방을 분실했어요.	96
MORE TALKING	거리에서 꼭 쓰는 표현	98
MORE WORDS	거리에서 꼭 쓰는 단어	103

UNIT 6 관광 Sightseeing

돈워리패턴 24	어느 장소를 추천하시겠어요?	106
돈워리패턴 25	영화는 언제 시작해요?	108
돈워리패턴 26	이 해변 이름이 뭐예요?	110
MORE TALKING	관광할 때 꼭 쓰는 표현	112
MORE WORDS	관광할 때 꼭 쓰는 단어	117

UNIT 7 식당에서 At a Restaurant

돈워리패턴 27	레스토랑은 몇 시까지 열어요?	120
돈워리패턴 28	맛이 있어요?	122
돈워리패턴 29	음료는 어떤 게 있어요?	124
MORE TALKING	식당에서 꼭 쓰는 표현	126
MORE WORDS	식당에서 꼭 쓰는 단어	133

UNIT 8 술집에서 At a Bar

돈워리패턴 30	맥주 한 잔 주세요.	136
돈워리패턴 31	여기 앉아도 될까요?	138
돈워리패턴 32	이 술은 내가 살게요.	140
MORE TALKING	술집에서 꼭 쓰는 표현	142
MORE WORDS	술집에서 꼭 쓰는 단어	145

UNIT 9 쇼핑 Shopping

돈워리패턴 33	셔츠를 찾고 있어요.	148
돈워리패턴 34	이 가방이 마음에 들어요.	150
돈워리패턴 35	가격 좀 깎아 주시겠어요?	152
돈워리패턴 36	이 넥타이를 교환하고 싶어요.	154
MORE TALKING	쇼핑할 때 꼭 쓰는 표현	156
MORE WORDS	쇼핑할 때 꼭 쓰는 단어	161

UNIT 10 친구 사귀기 Making Friends

돈워리패턴 37	어디에서 왔어요?	164
돈워리패턴 38	다시 만나서 기뻐요.	166
돈워리패턴 39	런던에는 처음 오셨어요?	168
돈워리패턴 40	오늘 밤 계획이 뭐예요?	170
MORE TALKING	친구 사귈 때 꼭 쓰는 표현	172
MORE WORDS	친구 사귈 때 꼭 쓰는 단어	175

책속 부록
여행영어 포토 사전   177

별책 부록
여행 갈 때 들고 가는 여행영어 핸드북

Before Traveling

외워두면 꼭 써먹는 돈워리 패턴 40

01	**I would like to** book a flight.	항공편을 예약하고 싶어요.
02	**May I see your** passport, **please**?	여권 좀 보여 주시겠어요?
03	**Where can I find** the boarding gate?	탑승구를 어디서 찾을 수 있어요?
04	**What is** the purpose of your visit?	방문 목적이 무엇입니까?
05	**I'm here** for sightseeing.	관광하러 왔어요.
06	**How long are you going to** stay?	얼마나 머무를 예정입니까?
07	**Please** fasten your seat belt.	좌석벨트를 착용해 주세요.
08	**Can I** change my seat?	자리를 바꿔도 될까요?
09	**Would you like** coffee or juice?	커피랑 주스 중에 뭘 드시겠습니까?
10	**Where is** the bus stop?	버스 정류장은 어디에 있어요?
11	**Please take me to** the airport.	공항으로 가 주세요.
12	**How long does it take to** the airport?	공항까지 시간이 얼마나 걸려요?
13	**How much is** the fare?	요금이 얼마예요?
14	**I want to** rent a car.	차를 렌트하고 싶어요.
15	**How can I** help you?	어떻게 도와드릴까요?
16	**Here is** my credit card.	제 신용카드 여기 있어요.
17	**Do you have a** swimming pool?	수영장이 있나요?
18	**What time does** breakfast start?	아침 식사는 몇 시에 시작하나요?
19	**I would like** room service, please.	룸서비스 부탁해요.
20	**Could you** tell me where I am?	여기가 어딘지 알려 주시겠어요?

21	**How can I get to** this place?	이곳은 어떻게 가나요?
22	**Is there a** gas station **around here**?	이 근처에 주유소가 있어요?
23	**I lost my** bag.	가방을 분실했어요.
24	**Which** place **do you recommend**?	어느 장소를 추천하시겠어요?
25	**When does** the movie **start**?	영화는 언제 시작해요?
26	**What is this** beach **called**?	이 해변 이름이 뭐예요?
27	**How late is** the restaurant **open**?	레스토랑은 몇 시까지 열어요?
28	**Does it taste** good?	맛이 있어요?
29	**What kind of** beverages **do you have**?	음료는 어떤 게 있어요?
30	**I'll have** a beer.	맥주 한 잔 주세요.
31	**Do you mind if I** sit here?	여기 앉아도 될까요?
32	**This** drink **is on me**.	이 술은 내가 살게요.
33	**I'm looking for** a shirt.	셔츠를 찾고 있어요.
34	**I like** this bag.	이 가방이 마음에 들어요.
35	**Could you give me** a discount?	가격 좀 깎아 주시겠어요?
36	**I would like to exchange** this tie.	이 넥타이를 교환하고 싶어요.
37	**Where do you** come from?	어디에서 왔어요?
38	**I'm glad to** see you again.	다시 만나서 기뻐요.
39	**Is this your first trip to** London?	런던에는 처음 오셨어요?
40	**What are your plans for** tonight?	오늘 밤 계획이 뭐예요?

UNIT 1

공항에서
AT THE AIRPORT

돈워리패턴 01   항공편을 예약하고 싶어요.
돈워리패턴 02   여권 좀 보여 주시겠어요?
돈워리패턴 03   탑승구를 어디서 찾을 수 있어요?
돈워리패턴 04   방문 목적이 무엇입니까?
돈워리패턴 05   관광하러 왔어요.
돈워리패턴 06   얼마나 머무를 예정입니까?

PATTERN 01 항공편을 예약하고 싶어요.

 **I would like to book a flight.**

'would like to+동사'는 '~하기를 원하다'란 뜻의 'want to+동사'와 같은 의미예요. 좀 더 공손한 뉘앙스를 갖기 때문에 뭔가를 부탁할 때 많이 씁니다. I would like to+동사.라고 하면 '~하고 싶어요.'라는 뜻으로, 티켓을 끊거나 탑승수속을 밟을 때 유용하게 쓸 수 있는 패턴이에요.

I would like to **book a flight**.
[아이 우들라익 투 북커 플라잇]   항공편을 예약하고 싶어요.

I would like to **check in**.
[아이 우들라익 투 체킨]   탑승수속을 밟고 싶어요.

I would like to **cancel my flight**.
[아이 우들라익 투 캔슬 마이 플라잇]   항공편을 취소하고 싶어요.

I would like to **confirm my flight**.
[아이 우들라익 투 컨훠엄 마이 플라잇]   비행기 예약을 확인하고 싶어요.

I would like to **get a plane ticket**.
[아이 우들라익 투 게러 플레인 티킷]   비행기 표를 구입하고 싶어요.

> **이렇게도 말해요** 항공편을 예약하고 싶어요.

'예약하다'라는 뜻의 동사는 book과 reserve입니다. 혹은 make a reservation이라고도 해요. 예약하고 싶다고 할 때는 I would like to+동사.와 같은 뜻의 I want to+동사.를 쓰거나 I'm here to+동사.(~하러 왔어요.) 패턴을 활용해서 말하면 됩니다.

공항직원 **May I help you?**
[메이 아이 헬퓨우?]

도와드릴까요?

왕초보씨 **I want to reserve a flight to Chicago.**
[아이 원 투 (우)리저ㄹ버 흘라잇 투 쉬카아고우]

시카고행 항공편을 예약하고 싶어요.

공항직원 **How can I help you?**
[하우 캐나이 헬퓨우?]

어떻게 도와드릴까요?

왕초보씨 **I'm here to book a flight to Chicago.**
[암 히어ㄹ 투 북커 흘라잇 투 쉬카아고우]

시카고행 항공편을 예약하러 왔어요.

공항직원 **What can I help you with?**
[왓 캐나이 헬퓨우 위ㄷ?]

무엇을 도와드릴까요?

왕초보씨 **I'd like to make a flight reservation to Chicago.**
[아이ㄷ (을)라익 투 메이커 흘라잇 (우)레저베이션 투 쉬카아고우]

시카고행 항공편을 예약하고 싶어요.

PATTERN 02 여권 좀 보여 주시겠어요?

 **May I see your `passport`, please?**

공항에서 꼭 듣게 되는 패턴 중 하나가 May I see your+명사(구), please?입니다. 직역하면 '~ 좀 봐도 될까요?'란 뜻이니까 '~ 좀 보여 주시겠어요?'란 의미지요. 조동사 may로 시작하면 공손한 뜻이 되는데, 문장 뒤에 please까지 덧붙이면 한층 더 정중한 표현이 됩니다.

May I see your passport, please?
[메이 아이 씨이 유어ㄹ 패쓰포ㄹ트, 플리즈?]   **여권** 좀 보여 주시겠어요?

May I see your boarding pass, please?
[메이 아이 씨이 유어ㄹ 보오ㄹ딩 패쓰, 플리즈?]   **탑승권** 좀 보여 주시겠어요?

May I see your immigration card, please?
[메이 아이 씨이 유어ㄹ 이미그레이션 카ㄹ드, 플리즈?]   **입국신고서** 좀 보여 주시겠어요?

May I see your ID, please?
[메이 아이 씨이 유어ㄹ 아이디, 플리즈?]   **신분증** 좀 보여 주시겠어요?

May I see your driver's license, please?
[메이 아이 씨이 유어ㄹ 쥬라이버ㄹ즈 (을)라이쓴스, 플리즈?]   **운전 면허증** 좀 보여 주시겠어요?

이렇게도 말해요
여권 좀 보여 주시겠어요?

'~해도 될까요?'라고 부탁할 때는 May I+동사?와 비슷한 뜻의 Can I+동사?를 쓸 수도 있어요. 좀 더 정중하게 말하려면 Could로 묻는데, 이때는 '당신이 제게 여권을 보여 주실 수 있나요?'로 물어 보기 때문에 '~해 주시겠어요?'란 뜻의 Could you+동사?를 씁니다.

공항직원 **(Your) Passport, please.** (당신) 여권 주세요.
[(유어ㄹ) 패쓰포ㄹ트, 플리즈]

왕초보씨 **Here you are.** 여기 있어요.
[히어ㄹ 유우 아ㄹ]

공항직원 **Can I see your passport, please?** 여권 좀 봐도 될까요?
[캐나이 씨이 유어ㄹ 패쓰포ㄹ트, 플리즈?]

왕초보씨 **Here you are.** 여기 있어요.
[히어ㄹ 유우 아ㄹ]

공항직원 **Could you show me your passport?** 여권 좀 보여 주시겠습니까?
[쿠쥬우 쑈우 미 유어ㄹ 패쓰포ㄹ트?]

왕초보씨 **Sure, here you go.** 물론이죠, 여기 있습니다.
[셔ㄹ, 히어ㄹ 유우 고우]

PATTERN 03 탑승구를 어디서 찾을 수 있어요?

 **Where can I find the boarding gate?**

장소나 찾는 물건이 어디 있는지 물어 볼 때는 Where is+명사(구)?로 '~이 어디 있어요?'라고 할 수도 있지만, 좀 더 공손하게 Where can I find+명사(구)?라고 해도 됩니다. '~을 어디서 찾을 수 있어요?'라는 뜻이에요. 동사 find의 목적어로 찾고 있는 것을 넣어 말하세요.

Where can I find **the boarding gate**?
[웨어ㄹ 캐나이 화인 더 보오ㄹ딩 게잇ㅌ?]   **탑승구**를 어디서 찾을 수 있어요?

Where can I find **the duty-free shop**?
[웨어ㄹ 캐나이 화인 더 듀티 후리 샵?]   **면세점**을 어디서 찾을 수 있어요?

Where can I find **the transit counter**?
[웨어ㄹ 캐나이 화인 더 츄랜짓 카운터ㄹ?]   **환승 카운터**는 어디에 있어요?

Where can I find **the restroom**?
[웨어ㄹ 캐나이 화인 더 (우)레쓰츄루움?]   **화장실**은 어디인가요?

Where can I find **my baggage**?
[웨어ㄹ 캐나이 화인(드) 마이 배기쥐?]   **제 짐**을 어디서 찾을 수 있어요?

이렇게도 말해요 | 탑승구를 어디서 찾을 수 있어요?

장소를 찾을 때는 간단하게 Where is+명사(구)?(~이 어디 있어요?)를 써서 물어 볼 수도 있습니다. 또는 Do you know where+명사(구)+is?로 '어디에 ~이 있는지 아세요?'라고 묻거나, '어떤'이란 뜻의 which를 활용해서 어떤 탑승구로 가야 하는지 물어 봐도 좋아요.

왕초보씨 Where is the boarding gate?
[웨어리즈 더 보오ㄹ딩 게잇ㅌ?]

탑승구가 어디예요?

행인 I'm not sure.
[암 낫 셔ㄹ]

잘 모르겠어요.

왕초보씨 Which boarding gate should I go to?
[위치 보오ㄹ딩 게잇ㅌ 슈다이 고우 투?]

어떤 탑승구로 가야 하죠?

행인 I'm sorry, but I'm new here myself.
[암 써어리, 벗 암 뉴우 히어ㄹ 마이쎌ㅍ]

죄송하지만, 저도 이곳은 처음이에요.

왕초보씨 Excuse me, do you know where the boarding gate is?
[익ㅆ큐우ㅈ 미, 두 유우 노우 웨어ㄹ 더 보오ㄹ딩 게이리ㅈ?]

실례지만, 탑승구가 어디에 있는지 아세요?

행인 I'm sorry, but I'm a stranger here myself.
[암 써어리, 벗 아머 쓰츄레인줘ㄹ 히어ㄹ 마이쎌ㅍ]

죄송하지만, 저도 이곳이 초행길이에요.

PATTERN 04 방문 목적이 무엇입니까?

What is the purpose of your visit?

입국심사를 받을 때, what(무엇)으로 시작하는 질문을 많이 들을 수 있는데요, what 뒤에 be동사 is를 넣어 What is+명사(구)?라고 하면 '~은 무엇입니까?'란 의미가 됩니다. 특히 상대방에 대한 정보를 묻고 싶을 때는 What is your ~?(당신의 ~은 무엇입니까?)라고 물어 보지요.

What is **the purpose of your visit**?

[와리즈 더 퍼ㄹ퍼써ㅂ 유어ㄹ 비짓?]

방문 목적이 무엇입니까?

What is **your nationality**?

[와리즈 유어ㄹ 내셔낼러티?]

국적이 어디십니까?

What is **your last name**?

[와리즈 유어ㄹ (을)래쓰 네임?]

성이 어떻게 되십니까?

What is **your first name**?

[와리즈 유어ㄹ 훠어ㄹ쓰 네임?]

이름이 어떻게 되십니까?

What is **your destination**?

[와리즈 유어ㄹ 데스떠네이션?]

목적지가 어디십니까?

> **이렇게도 말해요** 방문 목적이 무엇입니까?

방문 목적을 물을 때는 이곳에 왜 왔냐고 이유를 직접적으로 묻기도 하지만 정중하게 질문할 때는 May I ask ~?(~을 물어 봐도 될까요?)를 활용합니다. 또는 사업차 왔는지(for business), 관광하러 왔는지(for pleasure) 구체적으로 물어 보는 경우도 있어요.

입국심사관 **What are you here for?**
[와라 유우 히어ㄹ 훠ㄹ?]

이곳에는 무슨 일로 오셨나요?

왕초보씨 **I'm here for sightseeing.**
[암 히어ㄹ 훠ㄹ 싸잇씨잉]

관광하러 왔어요.

입국심사관 **May I ask the purpose of your visit?**
[메이 아이 애쓰ㅋ 더 퍼ㄹ퍼써ㅂ 유어ㄹ 비짓?]

방문 목적을 물어 봐도 될까요?

왕초보씨 **Sure. I'm here on vacation.**
[셔ㄹ. 암 히어런 베이케이션]

물론이죠. 휴가차 왔어요.

입국심사관 **Are you here for business or pleasure?**
[아ㄹ 유우 히어ㄹ 훠ㄹ 비즈니쓰 오ㄹ 플레줘ㄹ?]

사업차 오셨나요, 아니면 관광차 오셨나요?

왕초보씨 **I'm here on business.**
[암 히어런 비즈니쓰]

사업차 왔어요.

PATTERN 05 관광하러 왔어요.

 **I'm here for sightseeing.**

입국심사장에서 입국 목적을 말할 때 정말 유용한 패턴이 I'm here ~.입니다. 뒤에 'for[on]+명사(구)'나 'to+동사원형'을 넣어서 내가 왜 여기 왔는지 설명할 수 있어요. I'm here for[on]+명사(구). 혹은 I'm here to+동사.는 '저는 ~하러 왔어요'라는 뜻입니다.

I'm here **for sightseeing**.
[암 히어ㄹ 풔ㄹ 싸잇씨잉]   **관광하러** 왔어요.

I'm here **for my honeymoon**.
[암 히어ㄹ 풔ㄹ 마이 허니무운]   **신혼여행** 왔어요.

I'm here **on business**.
[암 히어런 비즈니쓰]   **사업차** 왔어요.

I'm here **on vacation**.
[암 히어런 베이케이션]   **휴가차** 왔어요.

I'm here **to study**.
[암 히어ㄹ 투 쓰따디]   **공부하러** 왔어요.

이렇게도 말해요 | 관광하러 왔어요.

해외여행 목적은 대개 관광일 텐데요, 이때는 I'm here for ~. 뒤에 sightseeing(관광) 대신 pleasure(즐거움)를 넣어 대답해도 관광하러 왔다는 뜻이 됩니다. 또는 Sightseeing.이라고 한 단어로 간단하게 답변하거나 traveling(여행)을 써서 답할 수도 있어요.

입국심사관 What brings you here?   무슨 일로 여기 오셨습니까?
[왓 브링쥬우 히어ㄹ?]

왕초보씨 Sightseeing.   관광하러요.
[싸잇씨잉]

입국심사관 What is the purpose of your visit to New York?   뉴욕 방문 목적이 무엇입니까?
[와리즈 더 퍼ㄹ퍼써ㅂ 유어ㄹ 비짓 투 뉴우 요오ㄹ크?]

왕초보씨 Just traveling.   그냥 여행하려고요.
[저쓰 츄래블링]

입국심사관 May I ask the purpose of your visit to New York?   뉴욕 방문 목적을 물어 봐도 될까요?
[메이 아이 애쓰ㅋ 더 퍼ㄹ퍼써ㅂ 유어ㄹ 비짓 투 뉴우 요오ㄹ크?]

왕초보씨 I'm here for pleasure.   관광하러 왔어요.
[암 히어ㄹ 풔ㄹ 플레줘ㄹ]

PATTERN 06 얼마나 머무를 예정입니까?

 **How long are you going to stay ?**

'be going to+동사원형'은 '~할 것이다'라는 뜻으로, 미래의 예정이나 계획을 나타내는 표현입니다. 이 앞에 기간을 물을 때 쓰는 how long을 넣어 How long are you going to+동사?라고 하면 '얼마나 ~할 예정입니까?'라는 의미지요. 체류 기간을 물을 때 많이 쓰는 패턴입니다.

How long are you going to stay?
[하울롱 아ㄹ 유우 고잉 투 쓰떼이?]   얼마나 **머무를** 예정입니까?

How long are you going to stay here?
[하울롱 아ㄹ 유우 고잉 투 쓰떼이 히어ㄹ?]   여기서 얼마나 **머무를** 예정입니까?

How long are you going to stay in the USA?
[하울롱 아ㄹ 유우 고잉 투 스떼이 인 더 유에쎄이?]   미국에서 얼마나 **머무를** 예정입니까?

How long are you going to stay in Rome?
[하울롱 아ㄹ 유우 고잉 투 쓰떼이 인 로움?]   로마에서 얼마나 **머무를** 예정입니까?

How long are you going to be traveling?
[하울롱 아ㄹ 유우 고잉 투 비이 츄래블링?]   얼마나 오랫동안 **여행할** 건가요?

이렇게도 말해요 — 얼마나 머무를 예정입니까?

체류 기간을 물어 볼 때는 How long을 활용합니다. be going to처럼 미래에 할 일을 나타내는 will을 써서 얼마 동안 머물 것인지 물어 볼 수 있어요. 혹은 '~할 계획이다'란 뜻의 plan to를 써서 얼마나 머물 계획이냐고 묻기도 합니다.

입국심사관 **How long will you be staying?**   얼마 동안 머무를 겁니까?
[하울롱 윌 유우 비이 쓰떼잉?]

왕초보씨 **For a week.**   일주일 동안이요.
[훠러 위익]

입국심사관 **How long do you plan to stay?**   얼마나 머무를 계획입니까?
[하울롱 두 유우 플랜 투 쓰떼이?]

왕초보씨 **I plan to stay for a week.**   일주일 동안 머무를 계획입니다.
[아이 플랜 투 스떼이 훠러 위익]

입국심사관 **How long are you planning to stay here?**   여기서 얼마나 머무를 계획인가요?
[하울롱 아ㄹ 유우 플래닝 투 쓰떼이 히어ㄹ?]

왕초보씨 **I'll be staying here for about a week.**   일주일 정도 여기에 머무를 거예요.
[아일 비이 스떼잉 히어ㄹ 훠러바우러 위익]

 공항에서 꼭 쓰는 표현

발권하기

런던행 항공편을 예약하고 싶습니다.
I'd like to book a flight to London.
[아이ㄷ (을)라익 투 북커 플라잇 투 (을)런든]

뉴욕행 비행기 표는 어디서 구입할 수 있어요?
Where can I get a plane ticket to New York?
[웨어ㄹ 캐나이 게러 플레인 티킷 투 뉴우 요오ㄹ크?]

좌석이 아직 있나요?
Are there seats still available?
[아ㄹ 데어ㄹ 씨잇ㅊ 스띨러베일러블?]

환전하기

이곳에 환전소가 있나요?
Are there any currency exchanges here?
[아ㄹ 데어ㄹ 애니 커런씨 익쓰체인쥐ㅈ 히어ㄹ?]

어떻게 환전해 드릴까요?
How would you like your money?
[하우 우쥬울라익 유어ㄹ 머니?]

원화를 미국 달러로 환전하고 싶어요.
I'd like to exchange Korean won for U.S. dollars.
[아이ㄷ (을)라익 투 익쓰체인쥐 코뤼안 원 훠ㄹ 유에쓰 달러ㄹ즈]

U.S. dollars [유에쓰 달러ㄹ즈] 미국 달러
Canadian dollars [케네이디언 달러ㄹ즈] 캐나다 달러
euros [유로ㅈ] 유로 (유럽)
pounds [파운ㅈ] 파운드 (영국)
yen [엔] 엔 (일본)
yuan [유우아안] 위안 (중국)
pesos [페이쏘우ㅈ] 페소 (중남미, 필리핀)

▶ 환전할 때는 I'd like to exchange A for B.(A를 B로 환전하고 싶어요.) 패턴을 활용하세요.

잔돈으로 주세요.	**I'd like some small change.** [아이ㄷ (을)라익 썸 스몰 체인쥐]
오늘 환율이 어떻게 되죠?	**What is the exchange rate today?** [와리즈 디 익쓰체인쥐 (우)레잇 투데이?]
얼마나 환전하시겠어요?	**How much would you like to change?** [하우 머취 우쥬울라익 투 체인쥐?]

탑승수속 하기

대한항공 탑승수속은 어디서 할 수 있나요?	**Where can I check in for KAL?** [웨어ㄹ 캐나이 체킨 휘ㄹ 카아ㄹ?] ▶ 대한항공(Korean Air Lines)을 줄여서 KAL이라고 해요.
탑승수속 부탁해요.	**Check in, please.** [체킨, 플리즈]
창가 쪽과 통로 쪽 좌석 중에 어떤 것을 드릴까요?	**Would you like a window seat or an aisle seat?** [우쥬울라이커 윈도우 씨잇 오어런 아일 씨잇?]
창가 쪽 좌석으로 주세요.	**I'd like a window seat, please.** [아이ㄷ (을)라이커 윈도우 씨잇, 플리즈]
통로 쪽 좌석으로 주세요.	**I'd like an aisle seat, please.** [아이ㄷ (을)라이컨 아일 씨잇, 플리즈]
앞쪽 좌석으로 주세요.	**I'd like a front-row seat, please.** [아이ㄷ (을)라이커 후런 (우)로우 씨잇, 플리즈]
탑승시간은 언제예요?	**When is the boarding time?** [웨니즈 더 보오ㄹ딩 타임?]
수하물 허용치는 어떻게 되죠?	**What's the baggage allowance?** [왓ㅆ 더 배기쥐 얼라우언ㅆ?]
기내용 가방 하나와 위탁용 가방 하나예요.	**It's one carry-on and one checked bag.** [잇ㅆ 원 캐리 언 앤 원 첵트 백ㄱ] ▶ 기내로 가지고 갈 수 있는 기내용 가방을 carry-on bag이라고 하고, 탑승수속 때 부치는 위탁용 가방을 checked bag이라고 합니다.

부칠 가방이 몇 개입니까?	**How many bags are you checking in?** [하우 매니 백ㅈ 아ㄹ 유우 체킹 인?]
딱 한 개예요.	**Just one.** [저쓰 원]

면세점에서 쇼핑하기

실례지만, 면세점은 어디에 있나요?	**Excuse me, where is the duty-free shop?** [익쓰큐우ㅈ미, 웨어리즈 더 듀티 후리 샵?]
이 근처에 면세점 있어요?	**Is there a duty-free shop around here?** [이ㅈ 데어러 듀티 후리 샵 어라운ㄷ 히어ㄹ?]
모두 합쳐서 얼마예요?	**How much is it all together?** [하우 머춰짓 어얼 투게더ㄹ?]
이것 좀 포장해 주시겠습니까?	**Could you wrap this up for me, please?** [쿠쥬우 (우)랩 디썹 훠ㄹ 미, 플리즈?]
이 쿠폰 사용할 수 있어요?	**Can I use this coupon?** [캐나이 유우ㅈ 디ㅆ 쿠우판?]
면세 되나요?	**Is it tax-free?** [이짓 택ㅆ 후리이?]

화장실 찾기

실례지만, 화장실은 어디에 있나요?	**Excuse me, where is the restroom?** [익쓰큐우ㅈ미, 웨어리즈 더 (우)레쓰츄루움?]
이 근처에 화장실 있어요?	**Is there a restroom around here?** [이ㅈ 데어러 (우)레쓰츄루움 어라운ㄷ 히어ㄹ?]

▶ 화장실을 미국에서는 restroom이라고 하지만 영국에서는 toilet[토일릿]이라고 합니다. 미국에서 toilet이라고 하면 '변기'란 뜻이 되므로 잘못 쓰지 않게 주의하세요.

복도 내려가서 왼쪽에 있어요.	There is one down the hall on the left. [데어리즈 원 다운 더 허얼 언 더 레프트]
복도 내려가서 오른쪽에 있어요.	It's down the hall on the right. [잇쓰 다운 더 허얼 언 더 (우)롸잇]

탑승구 찾기

탑승구는 어디에 있어요?	Where is the boarding gate? [웨어리즈 더 보오ㄹ딩 게잇ㅌ?]
몇 번 탑승구로 가야 하나요?	Which gate should I go to? [위치 게잇ㅌ 슈다이 고우 투?]
어느 방향으로 가야 되죠?	Which way should I go? [위치 웨이 슈다이 고우?]
이 표지판을 따라가십시오.	Follow this sign, please. [활로우 디 싸인, 플리즈]
전 환승 승객이에요.	I'm a transit passenger. [아머 츄랜짓 패썬줘ㄹ]
환승 카운터는 어디에 있어요?	Where is the transit counter? [웨어리즈 더 츄랜짓 카운터ㄹ?]

입국 심사 받기

여기 제 입국신고서예요.	Here is my immigration card. [히어리즈 마이 이미그레이션 카ㄹ드] ▶ 물건을 건네면서 Here is ~.(여기 ~ 있어요.) 대신 간단하게 Here you are.(여기요.)라고 말해도 좋아요.
뉴욕 방문 목적을 물어 봐도 될까요?	May I ask the purpose of your visit to New York? [메이 아이 애쓰ㅋ 더 퍼ㄹ퍼써ㅂ 유어ㄹ 비짓 투 뉴우 요오ㄹ크?]
친척을 만나러 왔어요.	I'm here to visit relatives. [암 히어ㄹ 투 비짓 (우)렐러티브ㅅ]

친구를 만나러 왔어요.	**I'm here to visit my friend.** [암 히어ㄹ 투 비짓 마이 후렌드]
컨퍼런스에 참석하러 왔어요.	**I'm here to attend a conference.** [암 히어ㄹ 투 어텐더 칸훠런쓰]
어디에서 묵을 건가요?	**Where will you be staying?** [웨어ㄹ 윌 유우 비이 스떼잉?]
힐튼 호텔에서 머물 계획이에요.	**I plan to stay at the Hilton Hotel.** [아이 플랜 투 스떼이 앳 더 힐트은 호우텔]
얼마나 머무를 계획입니까?	**How long do you plan to stay?** [하울롱 두 유우 플랜 투 스떼이?]
3일 동안이요.	**For three days .** [훠ㄹ 뜨리이 데이즈]

> **three days** [뜨리이 데이즈] 3일
> **a week** [어 위익] 일주일
> **two weeks** [투 위익스] 이주일
> **a month** [어 먼쓰] 한 달

▶ 내가 머무르는 기간을 말할 때는 for 뒤에 기간을 나타내는 표현을 넣으면 됩니다. 또는 About three days.(3일 정도요.)나 Just three days.(3일만요.) 처럼 답할 수도 있어요.

세관 신고하기

어디 가서 신고하죠?	**Where do I go to declare?** [웨어 두 아이 고우 투 디클레어ㄹ?]
신고할 게 있나요?	**Do you have anything to declare?** [두 유우 해ㅂ 애니띵 투 디클레어ㄹ?]
신고할 게 없어요.	**I have nothing to declare.** [아이 해ㅂ 낫띵 투 디클레어ㄹ]
신고할 게 있어요.	**I have something to declare.** [아이 해ㅂ 썸띵 투 디클레어ㄹ]

세관신고서 여기 있어요.	**Here is the customs declaration form.** [히어리즈 더 커스텀ㅆ 데클러뤠이션 휨] ▶ '세관신고서'를 customs declaration form 혹은 customs declaration card라고 합니다.
이 신고서 작성해야 할 거예요.	**You'll have to fill out this form.** [유울 해ㅂ 투 휠라웃 디ㅆ 휨]

짐 찾기

제 짐을 어디서 찾을 수 있죠?	**Where can I get my luggage?** [웨어ㄹ 캐나이 겟 마이 (을)러기쥐?]
수하물 찾는 곳이 어디예요?	**Where is the baggage claim area?** [웨어리즈 더 배기쥐 클레임 에어뤼어?]
짐 찾는 것 좀 도와주시겠어요?	**Could you help me find my baggage?** [쿠쥬우 헬ㅍ 미 화인(드) 마이 배기쥐?]
제 짐을 찾고 있어요.	**I'm looking for my baggage.** [암 (을)룩킹 훠ㄹ 마이 배기쥐]
제 가방이 없어졌어요.	**My bag is missing.** [마이 배기ㅈ 미씽]
제 짐이 파손되었어요.	**My baggage was damaged.** [마이 배기쥐 워ㅈ 대미쥐ㄷ]

관광안내소에서

관광안내소가 어디예요?	**Where is the tourist information desk?** [웨어리즈 더 투어리스ㅌ 인훠ㄹ메이션 데스크?]
시내까지 가는 제일 좋은 방법이 뭔가요?	**What's the best way to get to the city?** [왓ㅆ 더 베쓰트 웨이 투 겟 투 더 씨리?]
공항버스 정류장은 어디에 있어요?	**Where can I find the airport limousine bus stop?** [웨어ㄹ 캐나이 화인 디 에어포ㄹ트 (을)리머쥐인 버쓰땁?]

어디서 택시를 탈 수 있어요?	Where can I take a taxi? [웨어ㄹ 캐나이 테이커 택씨?]
시내 지도 좀 주시겠어요?	Could you give me a city map? [쿠쥬우 기ㅂ 미 어 씨리 맵ㅍ?]
지도 좀 주세요.	Please give me a map. [플리즈 기ㅂ 미 어 맵ㅍ]

공항에서 꼭 쓰는 단어

international 국제선의
[인터ㄹ내셔널]

domestic 국내선의
[더메쓰틱]

arrivals 도착
[어롸이벌쓰]

departures 출발
[디파ㄹ춰ㄹ쓰]

resident 거주자
[(우)레저던ㅌ]

foreigner 외국인
[훠오리너ㄹ]

currency exchange 환전소
[커런씨 익스체인쥐]

transfer desk 환승 데스크
[츄랜쓰훠ㄹ 데스크]

smoking lounge 흡연 라운지
[스모우킹 (을)라운쥐]

duty-free shop 면세점
[듀티 후리 샵]

duty-free pick-up 면세품 인도장
[듀티 후리 픽컵]

restroom 화장실
[(우)레쓰추루움]

nursery 유아휴게실
[너어ㄹ써리]

lost and found 분실물 센터
[(을)러스ㅌ 앤 화운ㄷ]

lounge 라운지, 휴게실
[(을)라운쥐]

parking lot 주차장
[파아ㄹ킹 (을)랏]

gate 탑승구
[게잇ㅌ]

transit hotel 환승 호텔
[츄랜짓 호우텔]

security check 보안 검색
[씨큐어러티 체ㅋ]

passport control 출입국 심사대
[패쓰포ㄹㅌ 컨츠로울]

immigration 입국 심사
[이미그레이션]

customs 세관
[커쓰텀쓰]

baggage screening 수하물 검사장
[배기쥐 쓰끄리이닝]

carrousel 수하물 컨베이어
[캐러쎌]

conveyor belt 컨베이어 벨트
[컨베이어ㄹ 벨ㅌ]

baggage cart 짐 카트
[배기쥐 카아ㄹㅌ]

baggage claim tag 수하물 인도증
[배기쥐 클레임 택]

tax refund 부가세 환급
[택쓰 (우)리훤ㄷ]

REAL Travel Scene

UNIT 2

기내에서
ON THE PLANE

돈워리패턴 07	좌석벨트를 착용해 주세요.
돈워리패턴 08	자리를 바꿔도 될까요?
돈워리패턴 09	커피랑 주스 중에 뭘 드시겠습니까?

PATTERN 07 좌석벨트를 착용해 주세요.

 **Please fasten your seat belt.**

공손하게 뭔가를 부탁하고자 할 때 가장 쉽게 활용할 수 있는 패턴이 '~해 주세요'란 뜻의 Please+동사.입니다. 기내에서 승무원이 승객에게 무언가를 부탁할 때 많이 사용하는 패턴이에요.

Please **fasten your seat belt**.
[플리즈 패쓴 유어ㄹ 씨잇 벨ㅌ]   **좌석벨트를 착용해** 주세요.

Please **secure your tray tables**.
[플리즈 씨큐어ㄹ 유어ㄹ 츄레이 테이블ㅈ]   **간이 테이블을 올려** 주세요.

Please **remain in your seat**.
[플리즈 (우)리메이닌 유어ㄹ 씨잇]   **좌석에서 기다려** 주세요.

Please **put your seat in the upright position**.
[플리즈 풋 유어ㄹ 씨잇 인 디 업롸잇 퍼쥐션]   **의자를 똑바로 해** 주세요.

Please **wear your life vest**.
[플리즈 웨어ㄹ 유어ㄹ (을)라이ㅍ 베스ㅌ]   **구명조끼 착용해** 주세요.

이렇게도 말해요 — 좌석벨트를 착용해 주세요.

승객에게 좌석벨트를 착용해 달라고 부탁할 때는 보통 Please를 앞에 넣어서 말합니다. '단단히 고정시키다'란 뜻의 단어 fasten 외에도 '버클로 죄다'란 뜻의 buckle과 '착용하다'란 뜻의 put on을 쓸 수 있어요. 문장 끝에 securely(단단히, 안전하게)를 넣으면 뜻을 더 강조할 수 있지요.

승무원: **Please buckle your seat belt.**
[플리즈 버클 유어ㄹ 씨잇 벨ㅌ]
좌석벨트 매 주세요.

왕초보씨: **Sure.**
[셔ㄹ]
알겠습니다.

승무원: **Please fasten your seat belt securely.**
[플리즈 패쓴 유어ㄹ 씨잇 벨ㅌ 씨큐어ㄹ리]
좌석벨트를 단단히 매 주십시오.

왕초보씨: **I already did.**
[아이 어얼레디 디ㄷ]
이미 맸습니다.

승무원: **Please put your seat belt on.**
[플리즈 풋 유어ㄹ 씨잇 벨턴]
좌석벨트를 착용해 주십시오.

왕초보씨: **Sure. I didn't realize we were ready to take off.**
[셔ㄹ, 아이 디든 (우)리이얼라이ㅈ 위이 워ㄹ (우)레디 투 테이커ㅍ]
물론이죠. 이륙할 준비가 되었다는 것을 몰랐네요.

PATTERN 08 자리를 바꿔도 될까요?

패턴으로 말해요 Can I change my seat?

허락을 구하거나 뭔가를 부탁할 때는 '~해도 돼요?'라는 뜻의 Can I+동사?를 쓸 수 있습니다. 조동사 can은 '~할 수 있다'라는 능력을 말하기도 하지만, 상황에 따라서는 '~해도 된다'라는 허락의 의미를 담고 있어요. 뭔가를 달라고 요청할 때는 Can I get[have]+물건?으로 '제가 ~을 얻을 수 있을까요?'라고 물어 보세요.

Can I **change my seat**?
[캐나이 체인쥐 마이 씨잇?]   자리를 바꿔도 될까요?

Can I **open the window shade**?
[캐나이 오우쁜 더 윈도우 쉐이드?]   창문 차양을 올려도 될까요?

Can I **use the lavatory now**?
[캐나이 유우ㅈ 더 (을)래버터리 나우?]   지금 화장실 사용해도 될까요?

Can I **get a blanket**?
[캐나이 게러 블랭킷?]   담요 갖다 주시겠어요?

Can I **get some water**?
[캐나이 겟 썸 워러ㄹ?]   물 좀 갖다 주시겠어요?

이렇게도 말해요 — 자리를 바꿔도 될까요?

Can I+동사?보다 좀 더 정중하게 허락을 구할 때는 May I+동사?로 물어 볼 수 있습니다. 혹은 동사 mind(꺼리다)를 활용해서 Do[Would] you mind if I+동사?로 물어 볼 수도 있는데, '~해도 괜찮을까요?'란 뜻이에요.

왕초보씨 May I change my seat?
[메이 아이 체인쥐 마이 씨잇?]

자리를 바꿔도 될까요?

승무원 Sure. Go ahead.
[셔ㄹ. 고우 어헤드]

물론이죠. 그렇게 하세요.

왕초보씨 Do you mind if I change my seat?
[두 유우 마인디화이 체인쥐 마이 씨잇?]

자리를 바꿔도 괜찮을까요?

승무원 Of course not. Go ahead.
[어ㅂ 코오ㄹ쓰 낫. 고우 어헤드]

물론 괜찮아요. 그렇게 하세요.

왕초보씨 Would you mind if I changed my seat?
[우쥬우 마인디화이 체인쥐드 마이 씨잇?]

자리를 바꿔도 괜찮겠습니까?

승무원 I wouldn't mind. Go ahead.
[아이 우든ㅌ 마인ㄷ. 고우 어헤드]

상관없어요. 그렇게 하세요.

PATTERN 09
커피랑 주스 중에 뭘 드시겠습니까?

패턴으로 말해요

Would you like coffee or juice ?

기내에서 승무원에게 가장 자주 듣게 되는 말이 Would you like+명사(구)?입니다. 공손하게 상대방이 원하는 것을 묻는 말로, '~하시겠어요?' 또는 '~ 좀 드릴까요?'란 뜻이에요. '~을 원하세요?'란 뜻의 Do you want+명사(구)?와 비슷한 뜻이지만 좀 더 정중한 뉘앙스를 풍깁니다.

Would you like **coffee or juice**?
[우쥬울라익 커어퓌 오ㄹ 쥬우스?] 커피랑 주스 중에 뭘 드시겠습니까?

Would you like **chicken or beef**?
[우쥬울라익 취컨 오ㄹ 비이프?] 닭고기와 쇠고기 중에 뭘 드시겠습니까?

Would you like **something to eat**?
[우쥬울라익 썸띵 투 잇?] 먹을 것 좀 드릴까요?

Would you like **something to drink**?
[우쥬울라익 썸띵 투 쥬링ㅋ?] 마실 것 좀 드릴까요?

Would you like **another blanket**?
[우쥬울라익 어나더ㄹ 블랭킷?] 담요 하나 더 드릴까요?

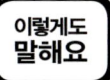 **커피랑 주스 중에 뭘 드시겠습니까?**

Would you like A or B? 앞에 which(어떤 것)나 what(무엇)을 넣으면 A와 B 중에 어떤 것을 원하는지 물어 볼 수 있어요. 승객이 많을 때는 길게 말하면 시간이 많이 걸리기 때문에 Coffee or juice?처럼 A or B?라고 짤막하게 줄여서 묻기도 합니다.

승무원	**Coffee or juice?** [커어퓌 오ㄹ 주우스?]	커피 드실래요, 아니면 주스 드실래요?
왕초보씨	**Coffee, please.** [커어퓌, 플리즈]	커피 주세요.

승무원	**Which would you like, coffee or juice?** [위치 우쥬울라익, 커어퓌 오ㄹ 주우스?]	커피와 주스 중 어느 것을 드릴까요?
왕초보씨	**I'll have some juice, please.** [아일 해ㅂ 썸 주우스, 플리즈]	주스로 부탁해요.

승무원	**What would you like to have, coffee or juice?** [왓 우쥬울라익 투 해ㅂ, 커어퓌 오ㄹ 주우스?]	커피와 주스 중 뭘 드시겠습니까?
왕초보씨	**I'd like some coffee, please.** [아이ㄷ (을)라익 썸 커어퓌, 플리즈]	커피로 주세요.

 기내에서 꼭 쓰는 표현

탑승하기

탑승권 좀 주세요.
Your boarding pass, please.
[유어ㄹ 보오ㄹ딩 패쓰, 플리즈]

탑승권 여기 있어요.
Here is my boarding pass.
[히어리즈 마이 보오ㄹ딩 패쓰]

여기 여권과 탑승권이에요.
Here's my passport and boarding pass.
[히어ㄹ즈 마이 패쓰포ㄹ트 앤 보오ㄹ딩 패쓰]

여기 있어요.
Here you go.
[히어ㄹ 유우 고우]

▶ '여기 있어요.'라고 할 때 Here you are. 혹은 There you go.라고 말할 수도 있습니다.

제 좌석은 어디예요?
Where is my seat?
[웨어리즈 마이 씨잇?]

제 좌석 찾는 것 좀 도와주실래요?
Could you help me find my seat?
[쿠쥬우 헬ㅍ 미 화인(드) 마이 씨잇?]

거긴 제 자리인 것 같은데요.
I'm afraid you are sitting in my seat.
[아머후레이드 유우 아ㄹ 씨링 인 마이 씨잇!]

이착륙 준비하기

간이 테이블을 올려 주세요.
Put your tray table up, please.
[푸츄어ㄹ 츄레이 테이블럽, 플리즈]

▶ 비행기 좌석 등받이에 붙어 있는 간이 테이블을 tray table이라고 해요. 이착륙시에는 비행기가 흔들려서 부상을 입을 수 있기 때문에 간이 테이블을 접은 후에 걸쇠로 고정해야 합니다.

좌석 아래에 구명조끼가 있어요.	There is a life vest under your seat. [데어리저 (을)라이ㅍ 베스ㅌ 언더ㄹ 유어ㄹ 씨잇]
좌석벨트 어떻게 매는지 가르쳐 주시겠어요?	Could you show me how to fasten my seat belt? [쿠쥬우 쑈우 미 하우 투 패쓴 마이 씨잇 벨ㅌ?]
좌석벨트 매는 거 도와줄래요?	Can you help me fasten my seat belt? [캔뉴우 헬ㅍ 미 패쓴 마이 씨잇 벨ㅌ?]
이것 좀 도와주시겠어요?	Could you help me with this? [쿠쥬우 헬ㅂ 미 위ㄷ 디ㅆ?]
설명 고맙습니다.	Thank you for the explanation. [땡큐우 훠ㄹ 디 엑쓰플러네이션]

식사하기

너무 배고파요.	I'm so hungry. [암 쏘 헝그리]
식사는 언제 제공되나요?	When will the meal be served? [웬 윌 더 미일 비이 써어ㄹ브ㄷ?]
물 좀 갖다 주시겠어요?	Can I have some water, please? [캐나이 해ㅂ 썸 워러ㄹ, 플리즈?]
간식거리 있어요?	Do you have any snacks? [두 유우 해ㅂ 애니 쓰낵ㅆ?]
땅콩 좀 더 주세요.	Please get me some more peanuts. [플리즈 겟 미 썸 모어ㄹ 피넛ㅊ]
간이 테이블을 내려 주세요.	Please put down your tray table. [플리즈 풋 다운 유어ㄹ 츄레이 테이블]
생선과 쇠고기 중 어떤 걸로 하시겠어요?	Would you like fish or beef? [우쥬울라익 휘쉬 오ㄹ 비이ㅍ?]

쇠고기 주세요.

Beef, please.
[비이ㅍ, 플리즈]

- beef [비이ㅍ] 쇠고기
- chicken [취컨] 닭고기
- pork [포오ㄹ크] 돼지고기
- fish [휘쉬] 생선
- juice [주우스] 주스
- coffee [커어퓌] 커피
- water [워러ㄹ] 물
- coke [코욱ㅋ] 콜라
- sprite [쓰쁘라잇ㅌ] 사이다
- beer [비어ㄹ] 맥주
- wine [와인] 와인
- tea [티이] 차

▶ 먹고 싶은 음식이나 음료 뒤에 please를 붙여서 원하는 것을 달라고 말할 수 있습니다.

어떤 음료를 드시겠습니까?

What would you like to drink?
[왓 우쥬울라익 투 쥬링ㅋ?]

고맙지만 괜찮아요.

I'm good, thank you.
[암 구웃, 땡큐우]

▶ 별로 먹거나 마시고 싶지 않을 때, 정중히 사양하는 말입니다.
간단하게 No, thanks.라고 말해도 됩니다.

입국신고서 및 세관신고서 작성하기

입국신고서 한 장 더 주시겠어요? **May I have another immigration card?**
[메이 아이 해버나더ㄹ 이미그레이션 카ㄹ드?]

세관신고서 좀 주시겠어요? **May I have a customs declaration card?**
[메이 아이 해버 커스텀ㅆ 데클러풰이션 카ㄹ드?]

한 장 더 주시겠어요? **Can I get another one, please?**
[캐나이 게러나더ㄹ 원, 플리즈?]

이 신고서 어떻게 작성하는지 모르겠어요. **I don't know how to fill out this form.**
[아이 도운ㅌ 노우 하우 투 휠라웃 디ㅆ 훠엄?]

| 이 신고서 작성하는 것 좀 도와주시겠어요? | **Could you help me fill out this form?**
[쿠쥬우 헬ㅍ 미 휠라웃 디ㅆ 훠엄?] |

| 잠시 펜을 빌릴 수 있을까요? | **May I borrow your pen for a moment?**
[메이 아이 바로우 유어ㄹ 펜 훠러 모우먼ㅌ?] |

멀미할 때

| 토할 것 같아요. | **I feel like throwing up.**
[아이 휘일 (을)라익 쓰로우잉 업] |

| 토할 것 같군요. | **I feel like vomiting.**
[아이 휘일 (을)라익 바아미링] |

▶ 뭔가를 하고 싶은 생각이 갑자기 물밀 듯이 찾아올 때 '~하고 싶다, ~하고 싶은 기분이 든다'란 뜻의 I feel like 동사ing.를 써서 말합니다. throw up과 vomit 모두 '토하다'라는 뜻이에요.

| 위생봉투 있어요? | **Do you have an airsickness bag?**
[두 유우 해번 에어ㄹ씨크니ㅆ 백ㄱ?] |

| 위생봉투 드릴까요? | **Would you like an airsickness bag?**
[우쥬울라이컨 에어ㄹ씨크니ㅆ 백ㄱ?] |

| 기내에 멀미약 있어요? | **Do you have motion sickness pills on board?**
[두 유우 해ㅂ 모우션 씨크니ㅆ 필전 보오ㄹ드?] |

승무원에게 부탁하기

| 이 가방을 머리 위 짐칸으로 올릴 수 있게 도와주시겠어요? | **Could you help me put this bag in the overhead compartment?**
[쿠쥬우 헬ㅍ 미 풋 디ㅆ 백긴 디 오우버ㄹ헤ㄷ 컴파아ㄹ트먼ㅌ?] |

| 테이블을 치워 주시겠어요? | **Can you clear the table, please?**
[캔뉴우 클리어ㄹ 더 테이블, 플리즈?] |

담요 좀 갖다 주시겠어요?

Can I have a blanket?
[캐나이 해버 블랭킷?]

- blanket [블랭킷] 담요
- magazine [매거지인] 잡지
- pillow [필로우] 베개
- headset [헤드쎗] 헤드폰
- newspaper [뉴쓰페이퍼ㄹ] 신문
- napkin [냅ㅍ킨] 냅킨
- spoon [쓰뿌운] 숟가락

▶ '~ 좀 갖다 주시겠어요?'라고 부탁할 때는 Can I have ~? 또는 Can I get ~?이라고 말합니다. 혹은 더 정중하게 Could you give me ~, please?로 말할 수도 있어요.

담요 한 장 더 갖다 주시겠어요?

Can I get another blanket, please?
[캐나이 게러나더ㄹ 블랭킷, 플리즈?]

베개 좀 주시겠어요?

Could you give me a pillow, please?
[쿠쥬우 기ㅂ 미 어 필로우, 플리즈?]

물론이죠, 곧 가져다 드릴게요.

Sure, I'll be back with one soon.
[셔ㄹ, 아일 비이 백ㄱ 위ㄷ 원 쑤운]

기내에서 꼭 쓰는 단어

captain 기장
[캡튼]

flight attendant 승무원
[플라잇 어텐던트]

cabin crew 객실 승무원
[캐빈 크루우]

pilot 조종사
[파일럿]

newspaper 신문
[뉴쓰페이퍼ㄹ]

magazine 잡지
[매거지인!]

life vest 구명조끼
[(을)라이ㅍ 베스트]

oxygen mask 산소 마스크
[악씨줜 매쓰ㅋ]

airsickness bag 위생봉투
[에어ㄹ씨크니ㅆ 백ㄱ]

carry-on baggage 기내용 수하물
[캐리 언 배기쥐]

suitcase 여행가방
[쑤웃케이쓰]

tray table 간이 테이블, 식사 테이블
[츄레이 테이블]

reading light 독서등
[(우)리딩 (을)라잇]

overhead compartment 머리 위 짐칸
[오우버ㄹ헤ㄷ 컴파ㄹ트먼트]

seat belt 좌석벨트
[씨잇 벨ㅌ]

call button 호출버튼
[커얼 버엇은]

in-flight meals 기내식
[인 플라잇 미일ㅈ]

emergency exit 비상구
[이머ㄹ전씨 엑질]

lavatory 기내 화장실
[(을)래버터어리]

vacant (화장실) 비었음
[베이컨트]

occupied (화장실) 사용 중
[아큐파이드]

window seat 창가 쪽 좌석
[윈도우 씨잇]

aisle seat 통로 쪽 좌석
[아일 씨잇]

exit seat 출구 쪽 좌석
[엑질 씨잇]

first class 일등석
[풔어ㄹ쓰 클래쓰]

business class 비즈니스석
[비지니쓰 클래쓰]

economy class 일반석, 이코노미석
[이카너미 클래쓰]

boarding pass 탑승권
[보오ㄹ딩 패쓰]

immigration card 입국신고서
[이미그레이션 카ㄹ드]

customs declaration form 세관신고서
[커스텀ㅆ 데클러웨이션 훠엄]

REAL Travel Scene

UNIT 3

교통
TRANSPORTATION

돈워리패턴 10	버스 정류장은 어디에 있어요?
돈워리패턴 11	공항으로 가 주세요.
돈워리패턴 12	공항까지 시간이 얼마나 걸려요?
돈워리패턴 13	요금이 얼마예요?
돈워리패턴 14	차를 렌트하고 싶어요.

PATTERN 10
버스 정류장은 어디에 있어요?

 **Where is the bus stop ?**

대중교통을 이용하려면 먼저 역이나 정류장을 찾아야 하는데요, 장소를 찾을 때 간단하게 사용할 수 있는 패턴이 바로 Where is+명사(구)?입니다. '~은 어디에 있어요?'란 뜻으로, 뒤에 찾고자 하는 장소만 바꿔 말해 보세요.

Where is **the bus stop**?
[웨어리즈 더 버쓰땁?] **버스 정류장**은 어디에 있어요?

Where is **the taxi stand**?
[웨어리즈 더 택씨 쓰땐드?] **택시 승차장**은 어디에 있어요?

Where is **the subway station**?
[웨어리즈 더 써브웨이 쓰떼이션?] **지하철역**은 어디에 있어요?

Where is **the train station**?
[웨어리즈 더 츄레인 쓰떼이션?] **기차역**은 어디에 있어요?

Where is **the parking lot**?
[웨어리즈 더 파아ㄹ킹 (을)랏?] **주차장**은 어디에 있어요?

저 버스 타야 돼!

> **이렇게도 말해요** 버스 정류장은 어디에 있어요?

장소를 찾을 때 Where can I find+명사(구)?로 물어 보면 더욱 정중한 표현이 됩니다. 혹은, Where can I+동사?(어디서 ~할 수 있어요?)로 어디서 버스를 탈 수 있는지 묻거나 Could you tell me where ~?(~이 어디 있는지 말씀해 주시겠어요?)을 써서 물어 봐도 좋아요.

왕초보씨 **Where can I take the bus?** 어디서 버스 탈 수 있어요?
[웨어ㄹ 캐나이 테일 더 버쓰?]

행인 **Sorry, I'm not sure.** 미안하지만, 모르겠어요.
[써어리, 암 낫 셔ㄹ]

왕초보씨 **Where can I find the bus stop?** 버스 정류장이 어디에 있죠?
[웨어ㄹ 캐나이 화인 더 버쓰땁?]

행인 **There is one behind this building.** 이 건물 뒤편에 있어요.
[데어리즈 원 비하인 디ㅆ 빌딩?]

왕초보씨 **Could you tell me where the nearest bus stop is?** 가장 가까운 버스 정류장이 어디에 있는지 말씀해 주시겠어요?
[쿠쥬우 테엘 미 웨어ㄹ 더 니어리쓰 버쓰따피ㅈ?]

행인 **Just go straight for about 10 minutes.** 10분 정도 곧장 가세요.
[저쓰 고우 쓰츄레이ㅌ 훠러바웃 텐 미닛ㅊ]

교통 53

PATTERN 11 공항으로 가 주세요.

 **Please take me to** the airport .

택시기사에게 목적지를 말할 때는 Please take me to+장소명사.로 말해 보세요. 직역하면 '~로 데려다 주세요'란 의미니까 '~로 가 주세요'란 뜻입니다. to 뒤에 가고 싶은 목적지를 말하면 됩니다.

Please take me to **the airport**.
[플리즈 테익 미 투 디 에어포르트]　　　　　　　　　　　　　　　　　　　　**공항**으로 가 주세요.

Please take me to **this hotel**.
[플리즈 테익 미 투 디쓰 호우텔]　　　　　　　　　　　　　　　　　　　　**이 호텔**로 가 주세요.

Please take me to **this address**.
[플리즈 테익 미 투 디쓰 애쥬레쓰]　　　　　　　　　　　　　　　　　　　　**이 주소**로 가 주세요.

Please take me to **this place**.
[플리즈 테익 미 투 디쓰 플레이쓰]　　　　　　　　　　　　　　　　　　　　**이곳**으로 가 주세요.

Please take me to **Grand Central Station**.
[플리즈 테익 미 투 그랜드 쎈츄럴 쓰떼이션]　　　　　　　　　　　　　　　　**그랜드 쎈트럴 역**으로 가 주세요.

이렇게도 말해요
공항으로 가 주세요.

택시에 타서 내 목적지를 말할 때는 please를 뒤로 보내 Take me to+장소명사, please.로 말할 수도 있어요. 줄여서 To+장소명사, please.라고만 해도 됩니다. 혹은 '~로 가고 싶어요'란 뜻으로, I would like to go to+장소명사.라고 말해도 좋아요.

택시기사 Where to, sir?   어디로 모실까요, 손님?
[웨어ㄹ 투, 써어ㄹ?]

왕초보씨 To the airport, please.   공항이요.
[투 디 에어포ㄹ트, 플리즈]

택시기사 Where would you like to go?   어디로 가시겠어요?
[웨어ㄹ 우쥬울라익 투 고우?]

왕초보씨 Take me to the airport, please.   공항으로 가 주세요.
[테익 미 투 디 에어포ㄹ트, 플리즈]

택시기사 Where would you like me to take you?   어디로 모셔다 드릴까요?
[웨어ㄹ 우쥬울라익 미 투 테이큐?]

왕초보씨 I would like to go to the airport, please.   공항으로 가고 싶어요.
[아이 우들라익 투 고우 투 디 에어포ㄹ트, 플리즈]

PATTERN 12 공항까지 시간이 얼마나 걸려요?

How long does it take to [the airport]?

목적지까지 소요되는 시간이 궁금할 때는 '~까지/~하는 데 얼마나 걸려요?'라는 뜻의 How long does it take to+장소명사/동사?의 패턴을 활용하세요. to 뒤에 장소이름을 넣거나, get to(~에 도착하다), go to(~에 가다), reach(~에 도착하다) 같은 동사를 넣어서 말합니다.

How long does it take to **the airport**?
[하울롱 더짓 테익 투 디 에어포ㄹ트?]   **공항**까지 시간이 얼마나 걸려요?

How long does it take to **reach there**?
[하울롱 더짓 테익 투 (우)리취 데어ㄹ?]   **거기에 도착하려면** 얼마나 걸려요?

How long does it take to **get there**?
[하울롱 더짓 테익 투 겟 데어ㄹ?]   **거기에 도착하는 데** 얼마나 걸려요?

How long does it take to **get to this hotel**?
[하울롱 더짓 테익 투 겟 투 디ㅆ 호우텔?]   **이 호텔에 도착하는 데** 얼마나 걸려요?

How long does it take to **go to Chicago**?
[하울롱 더짓 테익 투 고우 투 쉬카아고우?]   **시카고에 가는 데** 얼마나 걸려요?

> **이렇게도 말해요**

공항까지 시간이 얼마나 걸려요?

목적지까지 시간이 얼마나 걸리냐고 물을 때는 How long does it take to +장소명사?에서 does 대신 will을 넣어 미래시제로 물어도 좋습니다. 앞에 Do you know ~?(~을 아세요?)나 Could you tell me ~?(~을 말씀해 주시겠어요?)를 넣어서 물으면 좀 더 정중한 표현이 되지요.

왕초보씨 **How long will it take to the airport?**
[하울롱 윌릿 테익 투 디 에어포ㄹ트?]

공항까지 시간이 얼마나 걸릴까요?

택시기사 **About 20 minutes by taxi.**
[어바웃 트워니 미닛ㅊ 바이 택씨]

택시로 약 20분 정도요.

왕초보씨 **Do you know how long it takes to the airport?**
[두 유우 노우 하울롱 잇 테익ㅅ 투 디 에어포ㄹ트?]

공항까지 얼마나 걸리는지 아세요?

택시기사 **Sure, it takes about 20 minutes.**
[셔ㄹ, 잇 테익ㅆ바웃 트워니 미닛ㅊ]

물론이죠, 20분 정도 걸려요.

왕초보씨 **Could you tell me how long it takes to the airport?**
[쿠쥬우 테엘 미 하울롱 잇 테익ㅅ 투 디 에어포ㄹ트?]

공항까지 얼마나 걸리는지 말씀해 주시겠어요?

택시기사 **Well, that depends.**
[웰, 댓 디펜ㅈ]

글쎄요, 상황에 따라 달라요.

PATTERN 14 차를 렌트하고 싶어요.

 **I want to rent a car .**

렌터카 업체에 가서 차를 렌트할 때는 동사 want를 활용해서 말해 보세요. want는 '원하다'란 뜻의 동사인데, I want to+동사.라고 하면 '~하고 싶어요'라는 뜻이 됩니다. 좀 더 공손하게 말하고 싶으면 I would like to+동사.를 쓰면 되지요.

I want to **rent a car**.
[아이 원 투 (우)렌터 카아ㄹ]   차를 렌트하고 싶어요.

I want to **rent a van**.
[아이 원 투 (우)렌터 밴]   밴을 렌트하고 싶어요.

I want to **rent a compact car**.
[아이 원 투 (우)렌터 컴팩ㅌ 카아ㄹ]   소형차를 렌트하고 싶어요.

I want to **return the car**.
[아이 원 투 (우)리터언 더 카아ㄹ]   차를 반납하고 싶어요.

I want to **use this car**.
[아이 원 투 유우ㅈ 디ㅆ 카아ㄹ]   이 차를 사용하고 싶어요.

이렇게도 말해요 — 차를 렌트하고 싶어요.

차를 렌트하고 싶다고 할 때는 I want to+동사.와 같은 뜻의 I'd[I would] like to+동사. 또는 '~해야 한다'란 뜻의 I need to+동사.를 쓸 수 있어요. 혹은 Can I+동사?(~해도 될까요?)로 차를 렌트할 수 있는지 물어 볼 수도 있지요. 뒤에 'for+기간'을 덧붙여서 구체적인 렌트 기간을 언급해도 됩니다.

직원 How may I help you?
[하우 메이 아이 헬퓨우?]
어떻게 도와드릴까요?

왕초보씨 I'd like to rent a car.
[아이ㄷ (을)라익 투 (우)렌터 카아ㄹ]
차를 렌트하고 싶습니다.

직원 May I help you?
[메이 아이 헬퓨우?]
도와드릴까요?

왕초보씨 Yes, please. I need to rent a car for three days.
[예쓰, 플리즈. 아이 니이ㄷ 투 (우)렌터 카아ㄹ 훠ㄹ 뜨리이 데이ㅈ]
네, 부탁해요. 사흘 동안 차를 렌트해야 돼요.

왕초보씨 Can I rent a car for two days?
[캐나이 (우)렌터 카아ㄹ 훠ㄹ 투우 데이ㅈ?]
이틀 동안 차를 렌트할 수 있나요?

직원 Sure, you can. Do you have a driver's license?
[셔ㄹ, 유우 캔. 두 유우 해버 쥬라이버ㄹ쓰 (을)라이쓴스?]
물론이죠. 운전 면허증 있어요?

교통 이용할 때 꼭 쓰는 표현

택시 타기

어디로 모실까요, 손님?
Where to, ma'am?
[웨어ㄹ 투, 매앰?]
▶ 남자 손님이면 Where to, sir?, 여자 손님이면 Where to, lady? 또는 Where to, ma'am?이라고 물어 봅니다.

이 주소로 가 주시겠어요?
Could you take me to this address?
[쿠쥬우 테익 미 투 디ㅆ 애쥬레ㅆ?]

이 장소로 가 주세요.
Take me to this place, please.
[테익 미 투 디ㅆ 플레이쓰, 플리즈]

센트럴 공원으로 가 주시겠어요?
Could you take me to Central Park?
[쿠쥬우 테익 미 투 쎈츄럴 파아ㄹ크?]

Central Park [쎈츄럴 파아ㄹ크] 센트럴 공원
Kennedy Airport [케너디 에어포ㄹ트] 케네디 공항
the Hilton Hotel [더 힐뜨은 호우텔] 힐튼 호텔
Waikiki Beach [와이키키이 비이취] 와이키키 해변
an Italian restaurant [언 이탤뤼언 (우)레쓰터런ㅌ] 이탈리안 식당
the national museum [더 내셔늘 뮤(우)지이엄] 국립 박물관

가장 가까운 쇼핑몰로 가 주시겠어요?
Could you take me to the nearest shopping mall?
[쿠쥬우 테익 미 투 더 니어리쓰 샤핑 머얼?]

여기서 내려 주세요.
Drop me off here, please.
[쥬랍 미 어어ㅍ 히어ㄹ, 플리즈]

20달러짜리인데 잔돈 있어요?
Do you have change for a twenty?
[두 유우 해ㅂ 체인쥐 훠러 투언티?]

언제 도착하나요?
When will we arrive?
[웬 윌 위 어롸이ㅂ?]

62

거의 다 왔나요?	**Are we there yet?** [아ㄹ 위 데어ㄹ 옛?]
좀 더 천천히 운전해 주세요.	**Please drive more slowly.** [플리즈 쥬라이ㅂ 모어ㄹ 쓸로울리]
속도 좀 줄여 주시겠어요?	**Could you slow down, please?** [쿠쥬우 쓸로우 다운, 플리즈?]

버스 타기

어디서 버스표를 구입할 수 있어요?	**Where can I buy a bus ticket?** [웨어ㄹ 캐나이 바이 어 버쓰 티킷?]
다음 정류장은 어디죠?	**What is the next stop?** [와리즈 더 넥쓰땁?]
여기는 무슨 정류장이에요?	**What stop are we at?** [왓 쓰땁 아ㄹ 위이 앳?]
다음 버스는 언제 떠나요?	**When does the next bus leave?** [웬 더즈 더 넥쓰 버쓰 (을)리이ㅂ?]
이 버스 뉴욕 가나요?	**Is this the bus to New York?** [이ㅈ 디ㅆ 더 버쓰 투 뉴 요오ㄹ크?]
이 버스 시내로 가는 건가요?	**Does this bus go downtown?** [더즈 디ㅆ 버쓰 고우 다운타운?]
버스 막차는 몇 시예요?	**What time is the last bus?** [윗 타임 이ㅈ 더 (을)래쓰ㅌ 버쓰?]
셔틀버스를 어디서 탈 수 있어요?	**Where can I take the shuttle bus?** [웨어ㄹ 캐나이 테익 더 셔를 버쓰?]
셔틀버스는 얼마나 자주 운행해요?	**How often does the shuttle bus run?** [하우 어흔 더즈 더 셔를 버쓰 (우)런?]
어디서 내려야 돼요?	**Where do I get off?** [웨어 두 아이 게러ㅍ?]

기차나 지하철 타기

가장 가까운 지하철역은 어디죠?
Where is the nearest subway station?
[웨어리즈 더 니어리쓰 써ㅂ웨이 쓰떼이션?]

매표소는 어디에 있어요?
Where is the ticket office?
[웨어리즈 더 티킷 어휘쓰?]

여기 자리 있어요?
Is this seat taken?
[이ㅈ 디 씨잇 테이큰?]

여기 앉아도 돼요?
Can I sit here?
[캐나이 씻 히어ㄹ?]

이 전차는 어디까지 가요?
How far does this tram go?
[하우 화아ㄹ 더즈 디ㅆ 츄램 고우?]

▶ tram은 노면에서 달리는 '시가 전차'를 말해요. 한국에서는 낯설지만 독일, 프라하, 홍콩 등 많은 나라에서 운영하고 있는 교통수단입니다.

편도표 주세요.
A one-way ticket, please.
[어 원 웨이 티킷, 플리즈]

시카고 행 왕복표 주세요.
A round-trip ticket to Chicago, please.
[어 (우)롸운 츄립 티킷 투 쉬카아고우, 플리즈]

▶ 영국에서는 '편도표'를 single ticket, '왕복표'를 return ticket이라고 합니다.

센트럴 역까지 몇 정거장 가야 하나요?
How many stops is it to Central Station?
[하우 매니 쓰땁씨짓 투 쎈츄럴 쓰떼이션?]

여기가 보스턴 가는 승강장 맞아요?
Is this the right platform for Boston?
[이ㅈ 디ㅆ 더 (우)롸잇 플랫훠ㄹ엄 훠ㄹ 버쓰턴?]

차 렌트하기

차를 빌리고 싶어요.
I would like to rent a car.
[아이 우들라익 투 (우)랜터 카아ㄹ]

소형차 부탁해요. **A compact car, please.**
[어 컴팩ㅌ 카아ㄹ, 플리즈]

compact car [컴팩ㅌ 카아ㄹ] 소형차
sub-compact car [써브 컴팩ㅌ 카아ㄹ] 준소형차
mid-size car [밋 싸이ㅈ 카아ㄹ] 중형차
full-size car [훌 싸이ㅈ 카아ㄹ] 대형차
convertible [컨버어ㄹ터블] 오픈카
van [밴] 밴

대여 요금은 얼마죠? **What is the rental fee?**
[와리즈 더 (우)렌틀 히이?]

보험은 들어 있나요? **Does it include insurance?**
[더짓 인클루우ㄷ 인슈어런ㅆ?]

운전면허증 좀 보여 주시겠어요? **Could you show me your driver's license?**
[쿠쥬우 쑈우 미 유어ㄹ 쥬라이버ㄹ쓰 (을)라이쏜스?]

여권 좀 주세요. **Your passport, please.**
[유어ㄹ 패쓰포ㄹ트, 플리즈]

여기 제 여권이에요. **Here is my passport.**
[히어리즈 마이 패쓰포ㄹ트]

성이 어떻게 되십니까? **What is your last name?**
[와리즈 유어ㄹ (을)래쓰 네임?]

제 성은 김이에요. **My last name is Kim.**
[마이 (을)래쓰 네이미즈 킴]

▶ 우리는 '성+이름' 순서지만 영어로는 '이름+성' 순서로 써요. 그래서 first name(첫 번째 이름)은 '이름'이지만, last name(마지막 이름)은 '성'이 됩니다. 성은 family name(가족 이름)이라고도 합니다.

어디에 차를 반납해야 하나요? **Where should I return the car?**
[웨어ㄹ 슈다이 (우)리터언 더 카아ㄹ?]

몇 시까지 차량을 반납해야 돼요? **What time do I have to return the car?**
[왓 타임 두 아이 해ㅂ 투 (우)리터언 더 카아ㄹ?]

차를 반납할 때는 기름을 채워 주세요.	Please fill the tank when you return the car. [플리즈 휠 더 탱크 웬뉴우 (우)리터언 더 카아ㄹ]
차를 반납하러 왔어요.	I'm here to return the car. [암 히어ㄹ 투 (우)리터언 더 카아ㄹ]
이 차를 반납하고 싶어요.	I'd like to return this car. [아이ㄷ (을)라익 투 (우)리터언 디ㅆ 카아ㄹ]

주유소 이용하기

가장 가까운 주유소가 어디죠?	Where is the nearest gas station? [웨어리즈 더 니어리쓰 걔 쓰떼이션?]
가득 채워 주세요.	Fill it up, please. [휠리럽, 플리즈]
가득 넣어 주세요.	Fill up the tank, please. [휠럽 더 탱크, 플리즈]
휘발유 가득 넣어 주세요.	Fill it up with gasoline, please. [휠리럽 위ㄷ 개썰리인, 플리즈]

> gasoline [개썰리인] 휘발유
> regular [레귤러] 보통 무연 휘발유
> plus [플러쓰] 고급 무연 휘발유
> premium [프리미엄] 최고급 무연 휘발유
> diesel [디이절] 디젤

▶ 기름 종류는 주유소마다 조금씩 다른데, unleaded(보통 무연 휘발유), unleaded plus(고급 무연 휘발유), super unleaded(최고급 무연 휘발유)로 구분하기도 합니다.

어떤 기름을 넣어야 할지 모르겠네요.	I don't know which type of gas the car takes. [아이 도운ㅌ 노우 위치 타이퍼ㅂ 개ㅆ 더 카아ㄹ 테익ㅅ]
저희 주유소는 셀프 서비스입니다.	Our gas station is self-service. [아우어ㄹ 개ㅆ 쓰떼이션 이ㅆ 쎌ㅍ 써어ㄹ비ㅆ]

주차하기

제 차를 어디다 주차할 수 있어요?	**Where can I park my car?** [웨어ㄹ 캐나이 파아ㄹ크 마이 카아ㄹ?]
이곳에 주차해도 돼요?	**Can I park here?** [캐나이 파아ㄹ크 히어ㄹ?]
여기에 주차해도 괜찮을까요?	**Do you mind if I park here?** [두 유우 마인디화이 파아ㄹ크 히어ㄹ?]
이곳에 주차해도 되나요?	**Is it all right to park here?** [이지럴 (우)롸잇 투 파아ㄹ크 히어ㄹ?]
여기 잠시 주차해도 될까요?	**May I park here for a moment?** [메이 아이 파아ㄹ크 히어ㄹ 훠러 모우먼ㅌ?]
이곳에 주차해도 됩니다.	**You can park here.** [유우 캔 파아ㄹ크 히어ㄹ]
이곳에 주차할 수 없어요.	**You can't park here.** [유우 캔ㅌ 파아ㄹ크 히어ㄹ]
여기에 주차하는 것은 불법입니다.	**It's illegal to park here.** [잇ㅆ 일리이걸 투 파아ㄹ크 히어ㄹ]
이곳은 견인 구역입니다.	**This is a tow-away zone.** [디씨저 토우 어웨이 조운]
진입로를 막지 마세요.	**Do not block the driveway, please.** [두 낫 블락 더 쥬라이브웨이, 플리즈]

▶ driveway는 큰 도로에서 건물이나 집 차고로 들어가는 진입로를 말해요. 주차할 수 없는 곳에서 No parking(주차금지)이라고 쓴 표지판이 세워져 있으니까 주차하기 전에 잘 살펴 보세요.

교통

안전 운전하기

과속하지 마세요.　　　Don't drive too fast.
　　　　　　　　　　　[도운ㅌ 쥬라이ㅂ 투우 훼쓰ㅌ]

속도위반 했어요.　　　You're over the speed limit.
　　　　　　　　　　　[유어ㄹ 오우버ㄹ 더 스삐이ㄷ (을)리밋]

제한 속도를 지키세요.　Keep to the speed limit, please.
　　　　　　　　　　　[키입 투 더 스삐이ㄷ (을)리밋, 플리즈]

안전띠를 착용해 주세요.　Buckle up, please.
　　　　　　　　　　　[버클럽, 플리즈]

교통 이용할 때 꼭 쓰는 단어

rental car 렌터카
[(우)렌틀 카아ㄹ]

rental fee 대여 요금
[(우)렌틀 휘이]

return date 반환일
[(우)리터언 데잇ㅌ]

deposit 보증금
[디파짓]

insurance 보험
[인슈어런씨]

full coverage insurance 종합 보험
[훌 커버리쥐 인슈어런씨]

driver's license 운전 면허증
[쥬라이버ㄹ쓰 (을)라이쓴스]

sidewalk 인도
[싸이ㄷ워ㅋ]

roadway 차도
[(우)로우드웨이]

underpass 지하도
[언더ㄹ패쓰]

traffic signal 교통 신호등
[츄래픽 씨그널]

traffic sign 교통 표지판
[츄래픽 싸인]

traffic light 교통 신호등
[츄래픽 (을)라잇]

speed limit 제한 속도
[쓰삐ㄷ (을)리밋]

road map 도로 지도
[(우)로우ㄷ 맵ㅍ]

gas station 주유소
[개 쓰떼이션]

one-way ticket 편도표
[원 웨이 티킷]

round-trip ticket 왕복표
[(우)롸운 츄립 티킷]

track 선로
[츄랙ㅋ]

platform 승강장
[플랫훠ㄹ엄]

line map 노선도
[(을)라인 맵ㅍ]

express 급행
[익쓰쁘레씨]

taxi fare 택시 요금
[택씨 훼어ㄹ]

taxi driver 택시 운전사
[택씨 쥬라이버ㄹ]

passenger 승객
[패쓴줘ㄹ]

bus fare 버스 요금
[버쓰 훼어ㄹ]

bus ticket 버스표
[버쓰 티킷]

bus route 버스 노선
[버쓰 (우)루우트]

timetable 시간표
[타임테이블]

ticket machine 승차표 자동 판매기
[티킷 머쉬인]

REAL Travel Scene

UNIT 4

호텔에서
IN THE HOTEL

돈워리패턴 15   어떻게 도와드릴까요?
돈워리패턴 16   제 신용카드 여기 있어요.
돈워리패턴 17   수영장이 있나요?
돈워리패턴 18   아침 식사는 몇 시에 시작하나요?
돈워리패턴 19   룸서비스 부탁해요.

PATTERN 15 어떻게 도와드릴까요?

 **How can I** help you **?**

호텔에서 무엇을 어떻게 해야 할지 몰라 당황스러울 때는 How can I+동사?로 물어 보세요. '어떻게 ~할 수 있어요?'라는 뜻으로, 호텔에 처음 도착해서 직원이 손님에게 인사할 때도 이 패턴을 써서 말합니다.

How can I help you?
[하우 캐나이 헬퓨우?]   어떻게 **도와**드릴까요?

How can I check in?
[하우 캐나이 체킨?]   어떻게 **체크인** 할 수 있어요?

How can I book a room?
[하우 캐나이 북커 (우)루움?]   방을 어떻게 **예약**할 수 있어요?

How can I use this computer?
[하우 캐나이 유우ㅈ 디ㅆ 컴퓨러ㄹ?]   이 **컴퓨터를** 어떻게 **사용**할 수 있어요?

How can I use this coupon?
[하우 캐나이 유우ㅈ 디ㅆ 쿠우판?]   이 **쿠폰을** 어떻게 **사용**할 수 있어요?

> **이렇게도 말해요** 어떻게 도와드릴까요?

호텔이나 가게에 들어서면 직원이 '어서 오세요.'하면서 손님을 맞이하는데, 영어로는 May[Can] I help you?(도와드릴까요?) 혹은 How may I serve you?(어떻게 도와드릴까요?)라고 합니다. 직원이 이렇게 말하면 자신의 용무를 얘기하면 되지요.

호텔직원 **Can I help you?** 도와드릴까요?
[캐나이 헬퓨우?]

왕초보씨 **Yes, please. I have a reservation.** 네. 예약을 했습니다.
[예쓰. 플리즈. 아이 해버 (우)레저ㄹ베이션]

호텔직원 **May I help you?** 도와드릴까요?
[메이 아이 헬퓨우?]

왕초보씨 **I'm here to confirm my reservation.** 예약 확인하러 왔어요.
[암 히어ㄹ 투 컨훠엄 마이 (우)레저ㄹ베이션]

호텔직원 **How may I serve you?** 어떻게 도와드릴까요?
[하우 메이 아이 써어ㄹ뷰우?]

왕초보씨 **I made a reservation under the name of Tony Kim.** 토니 김 이름으로 예약했습니다.
[아이 메이러 (우)레저ㄹ베이션 언더ㄹ 더 네이머ㅂ 토니 킴]

PATTERN 16
제 신용카드 여기 있어요.

 **Here is** my credit card .

호텔에 도착해서 체크인을 할 때, 호텔 직원이 신용카드나 여권을 달라고 부탁하는 경우가 있습니다. 이때는 물건을 건네면서 Here is+명사(구).의 패턴을 활용해서 말하세요. '~이 여기 있어요'라는 뜻으로, 호텔 직원이 손님에게 뭔가를 건네줄 때도 많이 쓰는 패턴입니다.

Here is **my credit card**.
[히어리즈 마이 크레딧 카ㄹ드] **제 신용카드** 여기 있어요.

Here is **my passport**.
[히어리즈 마이 패쓰포ㄹ트] **여권** 여기 있어요.

Here is **the bill**.
[히어리즈 더 비일] **계산서** 여기 있어요.

Here is **your receipt**.
[히어리즈 유어ㄹ (우)리씨잇] 여기 **영수증**이에요.

Here is **your breakfast coupon**.
[히어리즈 유어ㄹ 브랙휘쓰ㅌ 쿠우판] 여기 **아침 식사 쿠폰**이에요.

 **제 신용카드 여기 있어요.**

상대방이 언급한 물건을 건네면서 '여기 있어요.'라고 할 때는 물건 이름은 생략하고 다양한 방법으로 말할 수 있습니다. Here you are. / Here[There] you go. / Here it is.처럼 간단하게 표현할 수 있지요.

호텔직원 **Your credit card, please.**   신용카드 주세요.
[유어ㄹ 크레딧 카ㄹ드, 플리즈]

왕초보씨 **Here you are.**   여기요.
[히어ㄹ 유우 아ㄹ]

호텔직원 **Could you give me your credit card?**   신용카드 주시겠어요?
[쿠쥬우 기ㅂ 미 유어ㄹ 크레딧 카ㄹ드?]

왕초보씨 **Here you go.**   여기 있어요.
[히어ㄹ 유우 고우]

호텔직원 **May I have your credit card?**   신용카드 주시겠어요?
[메이 아이 해ㅂ 유어ㄹ 크레딧 카ㄹ드?]

왕초보씨 **There you go.**   여기 있어요.
[데어ㄹ 유우 고우]

PATTERN 17 수영장이 있나요?

 **Do you have a swimming pool ?**

호텔 안에 자신이 이용하고 싶은 시설이 있는지 확인할 때는, Do you have a[an]+명사(구)?의 패턴을 활용할 수 있어요. 직역하면 '~을 가지고 있어요?'란 뜻이니까 '~이 있나요?'라는 의미가 됩니다. 이용하길 원하는 호텔 시설을 뒤에 넣어서 물어 보면 돼요.

Do you have a **swimming pool**?
[두 유우 해버 스위밍 푸울?]   **수영장**이 있나요?

Do you have a **convenience store**?
[두 유우 해버 컨비이니언 스또(어)?]   **편의점**이 있나요?

Do you have a **concierge**?
[두 유우 해버 칸씨에어ㄹ쥐?]   **호텔 안내인**이 있나요?

Do you have a **fitness center**?
[두 유우 해버 휫니쓰 쎈터ㄹ?]   **헬스장**이 있나요?

Do you have an **ATM here**?
[두 유우 해번 에이티엠 히어ㄹ?]   **여기에 자동 입출금기**가 있나요?

 **수영장이 있나요?**

어떤 시설이 있냐고 물어 볼 때는 Is there a[an]+명사(구)?로 물어 볼 수도 있습니다. 문장 끝에 here(여기에)를 덧붙이면 뜻이 더 명확해지죠. 혹은 I wonder if you have a[an]+명사(구).로 '~이 있는지 궁금합니다'라고 말해도 됩니다.

왕초보씨 **Is there a swimming pool here?**   여기에 수영장이 있어요?
[이ㅈ 데어러 스위밍 푸울 히어ㄹ?]

호텔직원 **Yes, there is.**   네, 있습니다.
[예ㅆ, 데어리즈]

왕초보씨 **Do you have a swimming pool here?**   여기에 수영장이 있나요?
[두 유우 해버 스위밍 푸울 히어ㄹ?]

호텔직원 **Yes, we have one.**   네, 있어요.
[예ㅆ, 위 해ㅂ 원]

왕초보씨 **I wonder if you have a swimming pool here.**   여기에 수영장이 있는지 궁금합니다.
[아이 원더ㄹ 이ㅍ휴우 해버 스위밍 푸울 히어ㄹ]

호텔직원 **Sure, we have a good one.**   물론이죠, 괜찮은 수영장이 있어요.
[셔ㄹ, 위 해버 굿 원]

PATTERN 18 아침 식사는 몇 시에 시작하나요?

 **What time does** breakfast start **?**

호텔 내 부대시설의 영업시간을 묻고 싶을 때는 '~은 몇 시에 ~해요?'라는 뜻의 What time does+명사(구)+동사? 패턴을 사용합니다. 뒤에 start(시작하다), finish(끝나다), open(문을 열다), close(문을 닫다) 같은 동사를 넣어 물어 보세요.

What time does **breakfast start**?
[왓 타임 더즈 브랙훠쓰트 스따아르트?]　　　　　　　아침 식사는 몇 시에 **시작하나요**?

What time does **breakfast finish**?
[왓 타임 더즈 브랙훠쓰트 휘니쉬?]　　　　　　　아침 식사는 몇 시까지 **해요**?

What time does **the restaurant open**?
[왓 타임 더즈 더 (우)레쓰터런트 오우쁜?]　　　　　　　식당은 몇 시에 **열어요**?

What time does **this bar close**?
[왓 타임 더즈 디쓰 바아ㄹ 클로우즈?]　　　　　　　이 술집은 몇 시에 **닫아요**?

What time does **the swimming pool close**?
[왓 타임 더즈 더 스위밍 푸울 클로우즈?]　　　　　　　수영장은 몇 시에 **닫아요**?

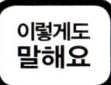 ## 아침 식사는 몇 시에 시작하나요?

시간을 물어 볼 때는 what time 대신 when을 쓸 수도 있습니다. 아침 식사가 제공되는(be served) 시간을 묻거나 아침 식사를 먹을 수 있는(have breakfast) 시간을 물어 볼 수도 있고, 식당이 문 여는(open) 시간을 물어 볼 수도 있어요.

왕초보씨 **When is breakfast served?**   아침 식사는 언제 제공되나요?
[웨니ㅈ 브랙풔쓰ㅌ 써어ㄹ브ㄷ?]

호텔직원 **7 a.m.**   오전 7시요.
[쎄븐 에이엠]

왕초보씨 **What time can I have breakfast?**   아침 식사는 몇 시에 먹을 수 있어요?
[왓 타임 캐나이 해ㅂ 브랙풔쓰ㅌ?]

호텔직원 **Breakfast starts at 7 a.m.**   아침 식사는 오전 7시에 시작해요.
[브랙풔쓰ㅌ 스따아ㄹ잿 쎄븐 에이엠]

왕초보씨 **Could you tell me what time your restaurant opens in the morning?**   아침에 식당이 몇 시에 여는지 알려 주실래요?
[쿠쥬우 테엘 미 왓 타임 유어ㄹ (우)레쓰터런ㅌ 오우쁜진 더 모우닝?]

호텔직원 **It opens at 7 a.m. every morning.**   매일 아침 오전 7시에 문을 열어요.
[잇 오우쁜잿 쎄븐 에이엠 에브리 모우닝]

PATTERN 19 룸서비스 부탁해요.

 **I would like** room service, please .

would like 뒤에는 목적어로 명사(구) 또는 'to+동사'를 씁니다. I would like+명사(구).라고 하면 '~을 부탁해요' 또는 '~으로 할래요'라는 뜻으로, I would는 I'd로 줄여 말할 수도 있어요. 뭔가를 공손하게 부탁하고 싶거나, 원하는 바를 말할 때 쓸 수 있는 패턴입니다.

I would like **room service, please**.
[아이 우들라익 (우)루움 써ㄹ비스, 플리즈] **룸서비스** 부탁해요.

I would like **a wake-up call, please**.
[아이 우들라이커 웨이컵 콜, 플리즈] **모닝콜** 부탁해요.

I would like **a quiet room, please**.
[아이 우들라이커 쿠와이엇 (우)루움, 플리즈] **조용한 방**으로 부탁해요.

I would like **a room with an ocean view**.
[아이 우들라이커 (우)루움 위던 오우션 뷰우] **바다 보이는 방**으로 할게요.

I would like **a single room with a bath**.
[아이 우들라이커 씽글 (우)루움 위더 배쓰] **욕조가 딸린 싱글룸**으로 할게요.

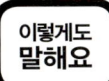 **룸서비스 부탁해요.**

룸서비스를 주문할 때는 I would like to+동사.(~하고 싶어요.)로 말해도 되는데, 이때는 '주문하다'란 뜻의 동사 order를 쓰면 됩니다. 또는 Can I get ~?(~을 받을 수 있을까요?)을 써서 룸서비스를 요청할 수도 있어요. 물론 간단하게 Room service, please.라고만 해도 되지요.

호텔직원 This is the front desk. Can I help you? 프런트 데스크입니다. 도와드릴까요?
[디씨즈 더 후런트 데쓰ㅋ. 캐나이 헬퓨우?]

왕초보씨 Room service, please. 룸서비스 부탁해요.
[(우)루움 써ㄹ비스, 플리즈]

호텔직원 Hello, this is the front desk. 안녕하세요, 프런트 데스크입니다.
How may I help you? 어떻게 도와드릴까요?
[헬로우, 디씨즈 더 후런트 데쓰ㅋ. 하우 메이 아이 헬퓨우?]

왕초보씨 Can I get room service? 룸서비스 받을 수 있을까요?
[캐나이 겟 (우)루움 써ㄹ비스?]

호텔직원 Good evening. This is the front desk. 안녕하세요, 프런트 데스크입니다.
How may I serve you? 어떻게 도와드릴까요?
[굿 이브닝. 디씨즈 더 후런트 데쓰ㅋ. 하우 메이 아이 써어ㄹ뷰우?]

왕초보씨 Hi, this is room 711. 안녕하세요. 711호인데요.
I'd like to order room service. 룸서비스 주문하고 싶어요.
[하이, 디씨즈 (우)루움 쎄븐일레븐. 아이ㄷ (을)라익 투 오오ㄹ더ㄹ (우)루움 써ㄹ비스]

호텔에서 꼭 쓰는 표현

호텔 찾아 가기

이 호텔로 가 주세요.
Please take me to this hotel.
[플리즈 테익 미 투 디ㅆ 호우텔]

여기서 이 호텔까지 멀어요?
Is it far from here to this hotel?
[이짓 화아ㄹ 후럼 히어ㄹ 투 디ㅆ 호우텔?]

이 호텔에 어떻게 가나요?
How can I get to this hotel?
[하우 캐나이 겟 투 디ㅆ 호우텔?]

체크인하기

체크인하고 싶어요.
I'd like to check in, please.
[아이ㄷ (을)라익 투 체킨, 플리즈]

어떤 객실을 원하세요?
What kind of room would you like?
[왓 카인더ㅂ (우)루움 우쥬울라익?]

금연방 부탁합니다.
I'd like a nonsmoking room, please.
[아이ㄷ (을)라이커 넌쓰모우킹 (우)루움, 플리즈]

- **nonsmoking room** [넌쓰모우킹 (우)루움] 금연방
- **smoking room** [쓰모우킹 (우)루움] 흡연방
- **single room** [씽글 (우)루움] 싱글 룸 (1인용 객실)
- **double room** [더블 (우)루움] 더블 룸 (2인용 객실)
- **twin room** [트윈 (우)루움] 트윈 룸
- **suite** [쓰위이트] 스위트 룸

▶ double room은 2인용 침대가 하나 있는 2인용 객실이고, twin room은 1인용 침대가 두 개 있는 2인용 객실입니다. 한편 suite는 방이 2개 이상 달린 고급 객실을 말해요.

2인용 침대 주세요.	**A double bed, please.** [어 더블 베ㄷ, 플리즈]
예약 확인하러 왔어요.	**I'm here to confirm my reservation.** [암 히어ㄹ 투 컨훰엄 마이 (우)레저ㄹ베이션]
온라인으로 예약했습니다.	**I made a reservation online.** [아이 메이러 (우)레저ㄹ베이션 언라인]
우선 이 양식을 작성해 주시겠습니까?	**Could you fill out this form first?** [쿠쥬우 휠라웃 디ㅆ 훠엄 훠어ㄹ쓰ㅌ?]

호텔 둘러보기

세탁실은 어디예요?   **Where is the laundry room?**
[웨어리즈 더 (을)러언쥬뤼 (우)루움?]

> **laundry room** [(을)러언쥬뤼 (우)루움] 세탁실
> **dining room** [다이닝 (우)루움] 식당
> **front desk** [후런트 데쓰ㅋ] 안내 데스크, 프런트
> **hair salon** [헤어ㄹ 썰란] 미용실
> **business center** [비즈니쓰 쎈터ㄹ] 비즈니스 센터
> **bar** [바아ㄹ] 술집, 바
> **fitness center** [휫니쓰 쎈터ㄹ] 헬스장
> **swimming pool** [쓰위밍 푸울] 수영장

가장 가까운 편의점은 어디예요?	**Where is the nearest convenience store?** [웨어리즈 더 니어리쓰ㅌ 컨비니언 스또(어)?]
엘리베이터가 어디에 있는지 알려 주시겠어요?	**Can you tell me where the elevator is?** [캔뉴우 테엘 미 웨어 디 엘리베이러리즈?]
1층에 엘리베이터가 있어요.	**There is an elevator on the first floor.** [데어리전 엘러베이러ㄹ 언 더 훠어ㄹ쓰 흘러어ㄹ]
이 호텔 어디서 담배를 피울 수 있어요?	**Where can I smoke in this hotel?** [웨어ㄹ 캐나이 스모우ㅋ 인 디ㅆ 호우텔?]
여기서 담배 피우면 안 됩니다.	**You shouldn't smoke here.** [유우 슈든ㅌ 스모우ㅋ 히어ㄹ]

서비스 부탁하기

213호실 열쇠 부탁합니다.
I'd like the key to room 213, please.
[아이드 (을)라익 더 키이 투 (우)루움 투우썰틴, 플리즈]
▶ 203호는 [투우 오우 쓰리]라고 말해요.

여기 방 열쇠예요.
Here is your room key.
[히어리즈 유어ㄹ (우)루움 키이]

칫솔 더 얻을 수 있을까요?
Can I get an extra toothbrush?
[캐나이 게런 엑쓰츄라 투쓰브러쉬?]

> **toothbrush** [투쓰브러쉬] 칫솔
> **towel** [타우얼] 수건
> **razor** [(우)레이줘ㄹ] 면도기
> **pillow** [필로우] 베개
> **hair dryer** [헤어ㄹ 쥬롸이어] 헤어 드라이어

치약 더 얻을 수 있을까요?
Can I get extra toothpaste?
[캐나이 겟 엑쓰츄라 투쓰페이쓰ㅌ?]

세탁 서비스가 필요해요.
I need laundry service.
[아이 니이드 (을)러언쥬뤼 써ㄹ비스]

세탁물은 어디에 둬야 하나요?
Where should I put the laundry?
[웨어ㄹ 슈다이 풋 더 (을)러언쥬뤼?]

관광 지도 있나요?
Do you have a tourist map?
[두 유우 해버 투어리스ㅌ 맵ㅍ?]

오후 3시까지 제 짐을 맡아 주시겠어요?
Could you keep my luggage until 3 p.m.?
[쿠쥬우 키입 마이 (을)러기쥐 언틸 뜨리이 피이엠?]

제 짐 여기에 맡겨도 되나요?
Can I leave my luggage here?
[캐나이 (을)리이ㅂ 마이 (을)러기쥐 히어ㄹ?]

▶ 대부분의 호텔은 체크인 전에 짐을 맡아 줍니다. 체크인 시간이 안 되었다고 해서 무거운 짐을 들고 다니지 말고, 호텔에 짐을 먼저 맡겨 두세요.

택시를 불러 주시겠어요?
Could you call me a taxi?
[쿠쥬우 콜 미 어 택씨?]

객실 문제 말하기

뜨거운 물이 안 나와요.	**There is no hot water.** [데어리즈 노우 핫 워러ㄹ]
변기가 고장 났어요.	**The toilet is broken.** [더 토일릿 이ㅈ 브로우컨]
변기 물이 안 내려가요.	**The toilet won't flush.** [더 토일릿 오온ㅌ 흘러쉬]
변기가 막혔어요.	**The toilet is clogged.** [더 토일릿 이ㅈ 클라그ㄷ]
비데가 고장났어요.	**The bidet is not working.** [더 비이데이 이ㅈ 낫 워어ㄹ킹]
제 방에 있는 TV가 안 나와요.	**The TV in my room doesn't work.** [더 티이비이 인 마이 (우)루움 더즌ㅌ 워어ㄹ크]

> **TV** [티이비이] 티비, 텔레비전
> **air conditioner** [에어ㄹ 컨디셔너ㄹ] 에어컨
> **heater** [히이러ㄹ] 난방기
> **remote control** [(우)리모웃 컨츄로울] 리모컨
> **phone** [호운] 전화
> **fridge** [후리쥐] 냉장고
> **lamp** [(을)램ㅍ] 전등, 스탠드

▶ 객실의 전기제품이 제대로 작동하지 않을 때는 The ~ in my room doesn't work.(내 방의 ~이 작동하지 않아요.)라고 말합니다.

인터넷 접속이 안 돼요.	**I can't connect to the Internet.** [아이 캔ㅌ 커넥ㅌ 투 디 인터넷]
방 열쇠를 잃어버렸어요.	**I lost my room key.** [아이 (을)러쓰ㅌ 마이 (우)루움 키이]
비누가 없어요.	**There is no soap.** [데어리즈 노우 쏘웊]
너무 시끄러워요.	**It's too noisy.** [잇ㅆ 투우 노이쥐]

체크아웃하기

체크아웃은 몇 시죠?
What time is checkout?
[왓 타임 이ㅈ 체카웃?]

체크아웃 부탁해요.
Check out, please.
[체카웃, 플리즈]

여기 제 방 열쇠예요.
Here is my room key.
[히어리즈 마이 (우)루움 키이]

계산서에 봉사료가 포함되었나요?
Is service charge included in the bill?
[이ㅈ 써ㄹ비스 촤아ㄹ쥐 인클루우디딘 더 빌?]

봉사료가 있나요?
Is there a service charge?
[이ㅈ 데어러 써ㄹ비스 촤아ㄹ쥐?]

이건 무슨 비용이에요?
What is this charge for?
[와리즈 디ㅆ 촤아ㄹ쥐 훠ㄹ?]

그건 봉사료 10%입니다.
That's the 10% service charge.
[댓ㅆ 더 텐 퍼ㄹ쎈 써ㄹ비스 촤아ㄹ쥐]

장거리 전화 한 통 이용하셨습니다.
You made a long-distance call.
[유우 메이러 (을)러엉 디쓰턴ㅆ 콜]

호텔에서 꼭 쓰는 단어

doorman 도어맨, 문지기
[도오ㄹ맨]

concierge 호텔 안내 직원, 접객 담당자
[칸씨에어ㄹ쥐]

housekeeper 호텔 청소 담당자
[하우쓰키이퍼ㄹ]

porter 포터 (짐을 운반해 주는 직원)
[포오ㄹ러ㄹ]

floor 층
[흘로어ㄹ]

basement 지하
[베이쓰먼트]

elevator 엘리베이터
[엘러베이러ㄹ]

hallway 복도
[허얼웨이]

emergency exit 비상구
[이머ㄹ줜씨 엑짙]

front desk 프런트 데스크
[후런트 데쓰ㅋ]

check-in 입실수속, 체크인
[체킨]

check-out 퇴실수속, 체크아웃
[체카웃]

room 객실
[(우)루움]

room rate 객실 요금
[(우)루움 (우)레잇트]

room key 객실 열쇠
[(우)루움 키이]

service charge 봉사료
[써ㄹ비스 촤아ㄹ쥐]

complimentary service 무료 서비스
[캄플러멘터리 써ㄹ비스]

toilet paper 화장지
[토일릿 페이퍼ㄹ]

coffee pot 커피 포트
[커어퓌 파트]

drinking water 음료수, 식수
[쥬링킹 워러ㄹ]

adapter 어댑터
[어댑터ㄹ]

safe 금고
[쎄이ㅍ]

refrigerator 냉장고
[(우)리후리줘레이러ㄹ]

bedside lamp 침대 옆 스탠드
[벧싸이드 (을)램ㅍ]

reservation 예약
[(우)레저ㄹ베이션]

continental breakfast 대륙식 아침식사
[칸터넨틀 브랙훠쓰ㅌ]

single room 싱글 룸 (1인용 객실)
[씽글 (우)루움]

double room 더블 룸 (2인용 침대가 한 개 있는객실)
[더블 (우)루움]

twin room 트윈 룸 (1인용 침대가 두 개 있는 객실)
[트윈 (우)루움]

suite 스위트 룸
[쓰위이트]

REAL Travel Scene

UNIT 5

거리에서
ON THE STREET

돈워리패턴 20 여기가 어딘지 알려 주시겠어요?
돈워리패턴 21 이곳은 어떻게 가나요?
돈워리패턴 22 이 근처에 주유소가 있어요?
돈워리패턴 23 가방을 분실했어요.

PATTERN 20
여기가 어딘지 알려 주시겠어요?

 **Could you** tell me where I am **?**

Could you+동사?는 '~해 주시겠어요?'라는 뜻으로, 다른 사람에게 뭔가를 정중하게 부탁할 때 쓸 수 있는 패턴입니다. 길을 물어 볼 때도 유용하게 쓸 수 있어요. 특히 '~ 좀 알려 주시겠어요?'라고 할 때 Could you tell me ~?로 물어 볼 수 있습니다.

Could you **tell me where I am**?
[쿠쥬우 테일 미 웨어라이 엠?]   여기가 어딘지 알려 주시겠어요?

Could you **tell me where we are now**?
[쿠쥬우 테엘 미 웨어ㄹ 위아 아ㄹ 나우?]   지금 우리가 어디에 있는지 알려 주시겠어요?

Could you **give me some directions**?
[쿠쥬우 기ㅂ 미 썸 디렉션ㅈ?]   길 좀 가르쳐 주시겠어요?

Could you **show me how to get there**?
[쿠쥬우 쑈우 미 하우 투 겟 데어ㄹ?]   그곳에 가는 방법 좀 알려 주시겠어요?

Could you **help me find this place**?
[쿠쥬우 헬ㅍ 미 화인 디ㅆ 플레이쓰?]   이 장소 찾는 거 도와주시겠어요?

이렇게도 말해요 — 여기가 어딘지 알려 주시겠어요?

내가 있는 장소를 물어 볼 때는 Where am I?(내가 어디 있어요?)라고 말합니다. 또는, 지도를 펼쳐 놓고 Would you mind+동사ing?(~해 주시겠어요?)나 Could you tell me where ~?(~이 어딘지 말씀해 주시겠어요?)를 써서 지도에서 내 위치가 어디인지 알려 달라고 해도 좋아요.

왕초보씨 **Where am I?**
[웨어ㄹ 에마이?]

여기가 어디죠?

행인 **You are in Central Park.**
[유우 아ㄹ 인 센츄럴 파아ㄹ크]

센트럴 공원이에요.

왕초보씨 **Would you mind pointing out where I am on this map?**
[우쥬우 마인ㄷ 포인팅 아웃 웨어라이 엠 언 디ㅆ 맵ㅍ?]

이 지도에서 제가 어디에 있는지 위치를 가리켜 주시겠습니까?

행인 **You are here on this map.**
[유우 아ㄹ 히어ㄹ 언 디ㅆ 맵ㅍ]

이 지도상에서 여기에 있어요.

왕초보씨 **Could you tell me where I am on this map?**
[쿠쥬우 테엘 미 웨어라이 엠 언 디ㅆ 맵ㅍ?]

이 지도에서 제가 어디에 있는지 말씀해 주시겠어요?

행인 **Sure. I'll be happy to show the way.**
[셔ㄹ. 아일 비이 해삐 투 쑈우 더 웨이]

물론이죠. 제가 안내해 드릴게요.

PATTERN 21

이곳은 어떻게 가나요?

 # How can I get to this place ?

목적지로 가는 방법이 궁금할 때는 How can I get to+장소명사?로 물어 보세요. How can I ~?는 '어떻게 ~할 수 있어요?'라는 뜻이고, get to는 '~에 도착하다'란 뜻이니까 '~에 어떻게 갈 수 있어요?'라는 의미입니다. 어떻게 목적지에 도착할 수 있는지 길을 물을 때 써요.

How can I get to this place?
[하우 캐나이 겟 투 디쓰 플레이쓰?] **이곳**은 어떻게 가나요?

How can I get to this hotel?
[하우 캐나이 겟 투 디쓰 호우텔?] **이 호텔**은 어떻게 가나요?

How can I get to the beach?
[하우 캐나이 겟 투 더 비이취?] **해변**에 어떻게 갈 수 있어요?

How can I get to the airport?
[하우 캐나이 겟 투 디 에어포ㄹ트?] **공항**에 어떻게 갈 수 있어요?

How can I get to the department store?
[하우 캐나이 겟 투 더 디파아ㄹ트먼트 스또(어)?] **백화점**은 어떻게 가요?

> **이렇게도 말해요** 이곳은 어떻게 가나요?

어디에 어떻게 가는지 물을 때는, How do I get to+장소명사? 혹은 Do you know how to get to+장소명사?로 물어 볼 수도 있어요. 혹은 '~로 가는 길을 알려 주실래요?'라는 의미로, Would you please tell me the way to+장소명사?로 물어 봐도 됩니다.

왕초보씨	**How do I get there?** [하우 두 아이 겟 데어ㄹ?]	거기에 어떻게 가죠?
행인	**Please go straight for about 10 minutes.** [플리즈 고우 쓰츄레잇ㅌ 훠러바웃 텐 미닛ㅊ]	10분 정도 곧장 가세요.

왕초보씨	**Do you know how to get to this place?** [두 유우 노우 하우 투 겟 투 디ㅆ 플레이쓰?]	이곳에 어떻게 가는지 알아요?
행인	**You can get there by taking the number 5 bus.** [유우 캔 겟 데어ㄹ 바이 테이킹 더 넘버ㄹ 화이ㅂ 버쓰]	5번 버스를 타면 갈 수 있어요.

왕초보씨	**Would you please tell me the way to get to this place?** [우쥬우 플리즈 테엘 미 더 웨이 투 겟 투 디ㅆ 플레이쓰?]	이곳에 가는 방법 좀 알려 주시겠습니까?
행인	**Actually, I'm on my way there, too.** [액추얼리, 아먼 마이 웨이 데어ㄹ, 투우]	실은, 저도 그곳에 가는 중이에요.

PATTERN 22 이 근처에 주유소가 있어요?

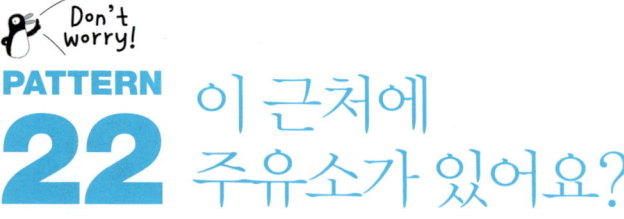

 **Is there a gas station around here?**

어떤 장소를 찾고 싶을 때는 Is there a[an]+명사(구)+around here? 패턴을 써서 내가 찾고 있는 장소가 주변에 있는지 물어 보세요. '이 근처에 ~이 있어요?'라는 뜻으로, around here는 '이 근처에, 이 주변에'라는 의미입니다.

Is there a **gas station** around here?
[이ㅈ 데어러 개 쓰떼이션 어라운ㄷ 히어ㄹ?]   이 근처에 **주유소**가 있어요?

Is there a **convenience store** around here?
[이ㅈ 데어러 컨비이니언 스또(어) 어라운ㄷ 히어ㄹ?]   이 근처에 **편의점**이 있어요?

Is there a **taxi stand** around here?
[이ㅈ 데어러 택씨 쓰땐드 어라운ㄷ 히어ㄹ?]   이 근처에 **택시 승차장** 있어요?

Is there a **nice beach** around here?
[이ㅈ 데어러 나이쓰 비이취 어라운ㄷ 히어ㄹ?]   이 근처에 **괜찮은 해변**이 있나요?

Is there a **department store** around here?
[이ㅈ 데어러 디파아ㄹ트먼ㅌ 스또(어) 어라운ㄷ 히어ㄹ?]   이 근처에 **백화점**이 있어요?

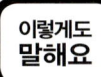 **이 근처에 주유소가 있어요?**

근처에 내가 찾는 장소가 있는지 물어 볼 때는 Is there ~?나 Do you have ~?를 활용할 수 있어요. '근처에'라고 할 때는 around here와 의미가 같은 nearby를 써도 되죠. 또는 Where can I find the nearest ~?(가장 가까운 ~을 어디서 찾을 수 있어요?)를 써서 물어 봐도 좋아요.

왕초보씨 **Is there a gas station nearby?** 근처에 주유소가 있어요?
[이ㅈ 데어러 개 쓰떼이션 니어ㄹ바이?]

행인 **There is one behind this building.** 이 건물 뒤에 있어요.
[데어리즈 원 비하인ㄷ 디ㅆ 빌딩]

왕초보씨 **Do you have a gas station around here?** 이 근처에 주유소가 있습니까?
[두 유우 해버 개 쓰떼이션 어라운ㄷ 히어ㄹ?]

행인 **I'm sorry, but I'm new here myself.** 미안합니다만, 저도 이곳이 처음이라서요.
[암 써어리, 벗 암 뉴우 히어ㄹ 마이쎌ㅎ]

왕초보씨 **Where can I find the nearest gas station?** 가장 가까운 주유소를 어디서 찾을 수 있어요?
[웨어ㄹ 캐나이 화인 더 니어리쓰 개 쓰떼이션?]

행인 **Let me check.** 제가 확인해 드릴게요.
[(을)렛 미 체ㅋ]

PATTERN 23 가방을 분실했어요.

 **I lost my bag .**

여행 도중에 여권이나 지갑처럼 소지품을 잃어버리게 되면 큰 낭패인데요. 물건을 분실했을 때는 lose(잃어버리다)의 과거형인 lost를 써서 I lost my+명사(구).라고 말하면 됩니다. '~을 잃어버렸어요, ~을 분실했어요'라는 의미지요.

I lost my **bag** .
[아이 (을)러어쓰ㅌ 마이 백ㄱ] **가방**을 분실했어요.

I lost my **passport**
[아이 (을)러어쓰ㅌ 마이 패쓰포ㄹ트] **여권**을 분실했어요.

I lost my **credit card** .
[아이 (을)러어쓰ㅌ 마이 크레딧 카아ㄹ드] **신용카드**를 분실했어요.

I lost my **wallet** .
[아이 (을)러어쓰ㅌ 마이 월릿]] **지갑**을 분실했어요.

I lost my **smartphone** .
[아이 (을)러어쓰ㅌ 마이 쓰마ㄹ트호운] **스마트폰**을 분실했어요.

> **이렇게도 말해요** 가방을 분실했어요.

분실한 물건에 대해 말할 때는 I think I lost my+명사(구).(~을 잃어버린 것 같아요.) 또는 My+명사(구)+is missing.(내 ~이 사라졌어요.)처럼 표현할 수도 있어요. 또는 I can't find my+명사(구)+anywhere.(어디에서도 제 ~을 못 찾겠어요.)를 활용해서 말해도 됩니다.

경찰	How may I help you? [하우 메이 아이 헬퓨우?]	어떻게 도와드릴까요?
왕초보씨	I think I lost my bag. [아이 띵ㅋ 아이 (을)러어쓰ㅌ 마이 백ㄱ]	가방을 잃어버린 것 같아요.
경찰	Can I help you? [캐나이 헬퓨우?]	도와줄까요?
왕초보씨	My bag is missing. [마이 배기ㅈ 미씽]	제 가방이 사라졌어요.
경찰	Excuse me, is there a problem? [익ㅆ큐우ㅈ 미, 이ㅈ 데어러 프라블럼?]	실례지만, 무슨 문제 있어요?
왕초보씨	I can't find my bag anywhere. [아이 캔ㅌ 화인드 마이 백ㄱ 에니웨어ㄹ]	어디에서도 제 가방을 못 찾겠어요.

거리에서 꼭 쓰는 표현

길 찾기

길을 잃은 것 같아요.	I think I'm lost. [아이 띵ㅋ 암 (을)러어쓰ㅌ]
길을 잃은 것 같아요.	I seem to be lost. [아이 씨임 투 비 (을)러어쓰ㅌ]
저 좀 도와주실래요? 길을 잃었어요.	Can you help me? I'm lost. [캔뉴우 헬ㅍ 미? 암 (을)러어쓰ㅌ]
이곳을 찾고 있어요.	I'm looking for this place. [암 룩킹 훠 디ㅆ 플레이쓰]
여기서 시카고까지 어떻게 가죠?	How do I get to Chicago from here? [하우 두 아이 겟 투 쉬카아고우 후럼 히어ㄹ?]
우리가 있는 곳이 어디인가요?	Where are we? [웨어ㄹ 아ㄹ 위?]
거기에 걸어서 갈 수 있나요?	Can I walk there? [캐나이 워어ㅋ 데어ㄹ?]
여기서 멀어요?	Is it far from here? [이짓 화ㄹ 후럼 히어ㄹ?]
걸어갈 수 있는 거리예요.	It's within walking distance. [잇ㅆ 위딘 워어킹 디쓰턴ㅆ]
이곳에서 도보로 10분 거리예요.	It's a ten-minute walk from here. [잇써 텐 미닛 워ㅋ 후럼 히어ㄹ]
모퉁이에서 왼쪽으로 꺾으세요.	Please turn left at the corner. [플리즈 터언 (을)레프ㅌ 앳 더 코오ㄹ너ㄹ]
쭉 가다가 오른쪽으로 꺾으세요.	Please go straight and turn right. [플리즈 고우 쓰츄레잇ㅌ 앤 터언 (우)롸잇?]

담배 피우기

어디서 담배 피울 수 있어요?	**Where can I smoke?** [웨어ㄹ 캐나이 스모우ㅋ?]
여기서 담배 피워도 되나요?	**Do you mind if I smoke here?** [두 유우 마인디화이 스모우ㅋ 히어ㄹ?]

▶ 담배 피워도 된다고 할 때는 Of course not.(물론 괜찮아요.), 또는 I don't mind.(상관없어요.)처럼 답변합니다.

담배 좀 꺼 주시겠어요?	**Could you please put out your cigarette?** [쿠쥬우 플리즈 푸라옷 유어ㄹ 씨거렛?]
여기서는 금연이에요.	**No smoking here, please.** [노우 스모우킹 히어ㄹ, 플리즈]
이곳은 금연 구역이에요.	**This is a non-smoking area.** [디씨쥬 넌 스모우킹 에어뤼아]
여기서 담배 피우면 안 됩니다.	**Smoking is not allowed in this area.** [스모우킹 이ㅈ 나럴라우ㄷ 인 디쎄어뤼아]

전화하기

공중전화를 어디서 찾을 수 있어요?	**Where can I find a pay phone?** [웨어ㄹ 캐나이 화인더 페이 호운?]
전화해야 돼요.	**I have to make a call.** [아이 해ㅂ 투 메이커 커얼]
국제전화를 걸고 싶어요.	**I'd like to make an overseas call.** [아이ㄷ (을)라익 투 메이컨 오우버ㄹ씨이즈 커얼]
한국의 서울로 수신자부담 전화 걸고 싶어요.	**I'd like to make a collect call to Seoul, Korea.** [아이ㄷ (을)라익 투 메이커 컬렉트 커얼 투 쎄울, 코뤼아]

▶ collect call은 전화 받은 사람이 요금을 내는 '수신인 지불 통화'를 말합니다.

은행 가기

가장 가까운 은행으로 가 주세요.
Please take me to the nearest bank.
[플리즈 테잇 미 투 더 니어리쓰 뱅ㅋ]

돈을 찾고 싶어요.
I'd like to withdraw some money.
[아이ㄷ (을)라익 투 위ㄷ쥬러 썸 머니]

비밀 번호를 입력하세요.
Please enter your PIN number.
[플리즈 엔터ㄹ 유어ㄹ 핀 넘버ㄹ]

▶ PIN은 Personal Identification number(개인식별번호)의 약자로, '비밀번호'를 말합니다.

카드를 여기에 넣어 주세요.
Please insert your card here.
[플리즈 인써어ㄹ트 유어ㄹ 카아ㄹ드 히어ㄹ]

병원 가기

가장 가까운 병원이 어디죠?
Where is the nearest hospital?
[웨어리즈 더 니어리쓰ㅌ 하쓰삐를?]

가장 가까운 병원으로 가 주세요.
Please take me to the nearest hospital.
[플리즈 테익 미 투 더 니어리쓰ㅌ 하쓰삐를]

어디가 아프세요?
What's the matter?
[왓ㅆ 더 매러ㄹ?]

열이 있어요.
I have a fever.
[아이 해버 휘이버ㄹ]

너무 어지러워

a fever [어 휘이버ㄹ] 열
a stomachache [어 쓰떠머케이ㅋ] 복통
an earache [언 이어레이ㅋ] 귓병
a backache [어 백케이ㅋ] 요통
a cough [어 커어ㅎ] 기침
a stuffy nose [어 쓰떠휘 노우ㅈ] 코 막힘
a runny nose [어 (우)러니 노우ㅈ] 콧물
a cold [어 코울ㄷ] 감기

▶ 어디가 아프다고 할 때는 어떤 증상을 가지고 있다는 의미로 I have 뒤에 병·증상 이름을 넣어 말합니다.

두통이 있는 거 같아요.	**I think I have a headache.** [아이 띵ㅋ 아이 해버 헤데이ㅋ]
베였어요.	**I cut myself.** [아이 컷 마이쎌ㅎ]
진찰 받아야 할 것 같아요.	**I think I need to see a doctor.** [아이 띵ㅋ 아이 니이 투 씨이 어 닥터ㄹ]

물건을 분실했을 때

카메라를 도난당했어요.	**My camera has been stolen.** [마이 캐머러 해ㅈ 빈 쓰또울른]

- camera [캐머러] 카메라
- luggage [(을)러기쥐] 짐
- backpack [백팩ㅋ] 배낭
- suitcase [쑤웃케이쓰] 여행 가방
- cell phone [쎌 호운] 휴대전화
- car [카아ㄹ] 차
- purse [퍼어ㄹ쓰] 지갑, 핸드백

소매치기가 지갑을 가져갔어요.	**A pickpocket got my wallet.** [어 픽파킷 갓 마이 월릿]
제 짐이 사라졌어요.	**My luggage is missing.** [마이 (을)러기쥐ㅈ 미씽]
여권을 잃어버린 것 같아요.	**I think I lost my passport.** [아이 띵ㅋ 아이 (을)러어쓰ㅌ 마이 패쓰포ㄹ트]
제 여권을 못 찾겠어요.	**I can't find my passport anywhere.** [아이 캔ㅌ 화인드 마이 패쓰포ㄹ트 에니웨어ㄹ]
가방을 버스에 두고 내렸어요.	**I left my bag on the bus.** [아이 (을)레프ㅌ 마이 백건 더 버쓰]

사고가 났을 때

차 사고가 났어요.
I was in a car accident.
[아이 워지너 카아ㄹ 액씨던트]

다쳤어요.
I hurt myself.
[아이 허어ㄹ트 마이쎌ㅎ]

응급상황이에요.
This is an emergency.
[디씨전 이머어ㄹ줜씨]

화재 신고를 하려고 합니다.
I want to report a fire.
[아이 원투 (을)리포어ㄹ러 화이어ㄹ]

▶ 미국과 캐나다에서 화재 신고를 할 때는 911로 해요. 한편, 영국, 프랑스 등 유럽은 보통 112로 신고해요.

경찰 좀 불러요!
Call the police!
[커얼 더 폴리이씨!]

구급차 좀 불러 주세요.
Call an ambulance, please.
[커얼 앤 앰뷸런ㅆ, 플리즈]

어쩌다 그렇게 된 건가요?
How did it happen?
[하우 디릿 해쁜?]

괜찮으세요?
Are you all right?
[아이ㄹ 유우 어얼 (우)롸잇?]

 거리에서 꼭 쓰는 단어

exit 출구
[엑짙]

entrance 입구
[엔츄런쓰]

building 건물
[빌딩]

shopping street 상점가
[샤핑 쓰츄릿]

bank 은행
[뱅ㅋ]

convenience store 편의점
[컨비이니언 스또(어)]

hospital 병원
[하쓰삐를]

drugstore 약국
[쥬럭쓰또어ㄹ]

rest stop 휴게소
[(우)레쓰 쓰땁]

bridge 다리
[브리쥐]

square 광장
[쓰크웨어ㄹ]

park 공원
[파ㄹㅋ]

embassy 대사관
[엠버씨]

no parking 주차 금지
[노우 파아ㄹ킹]

no smoking 금연
[노우 스모우킹]

left 왼쪽
[(을)레프ㅌ]

right 오른쪽
[(우)라잇]

crosswalk 횡단보도
[크롸쓰워어ㅋ]

pedestrian 보행자
[퍼데쓰츄리언]

vending machine 자판기
[벤딩 머쉬인]

pay phone 공중전화
[페이 호운]

be lost 잃어버리다
[비이 (을)러어쓰ㅌ]

be stolen 도난당하다
[비이 쓰또울른]

ambulance 구급차, 앰뷸런스
[앰뷸런쓰]

emergency 응급상황
[이머어ㄹ줜씨]

report a fire 화재 신고하다
[(을)리포어ㄹ러 화이어ㄹ]

band-aid 반창고
[밴데이ㄷ]

medicine 약
[메더씬]

REAL Travel Scene

UNIT 6

관광
SIGHTSEEING

돈워리패턴 24 어느 장소를 추천하시겠어요?
돈워리패턴 25 영화는 언제 시작해요?
돈워리패턴 26 이 해변 이름이 뭐예요?

PATTERN 24 어느 장소를 추천하시겠어요?

 **Which place do you recommend?**

여러 개 중 하나를 추천해 달라고 할 때는 which(어떤 것)를 써서 물어 봐요. 어떤 관광지에 가야 할지 고민될 때는 관광 안내소에 가서 Which+명사(구)+do you recommend?(어느 ~을 추천하시겠어요?)라고 도움을 요청하면 됩니다.

Which **place** do you recommend?
[위치 플래이쓰 두 유우 (우)레커멘ㄷ?]   어느 **장소**를 추천하시겠어요?

Which **beach** do you recommend?
[위치 비이취 두 유우 (우)레커멘ㄷ?]   어느 **해변**을 추천하시겠어요?

Which **restaurant** do you recommend?
[위치 (우)레쓰터런ㅌ 두 유우 (우)레커멘ㄷ?]   어느 **식당**을 추천하시나요?

Which **coffee shop** do you recommend?
[위치 커어퓌 샵 두 유우 (우)레커멘ㄷ?]   어느 **커피숍**을 추천하시나요?

Which **hotel** do you recommend?
[위치 호우텔 두 유우 (우)레커멘ㄷ?]   어느 **호텔**을 추천하시나요?

이렇게도 말해요 — 어느 장소를 추천하시겠어요?

장소를 추천해 달라고 할 때 Which ~ do you recommend?에서 do 대신 would를 쓰면 좀 더 정중한 표현이 됩니다. Could you recommend ~?로 좋은 장소를 추천해 달라고 부탁하거나, Is there any ~?로 추천할 만한 장소가 있냐고 물어 볼 수도 있어요.

왕초보씨 Could you recommend a good place? — 괜찮은 장소 추천해 주시겠어요?
[쿠쥬우 (우)레커멘더 굿 플래이쓰?]

안내원 Well, let me think. — 글쎄요, 생각 좀 해 볼게요.
[웰, (을)렛 미 띵ㅋ]

왕초보씨 Which place would you recommend? — 어느 장소를 추천해 주시겠어요?
[위치 플래이쓰 우쥬우 (우)레커멘ㄷ?]

안내원 I want to recommend Molly Beach. — 몰리 해변을 추천하고 싶군요.
[아이 원 투 (우)레커멘ㄷ 말리 비이취]

왕초보씨 Is there any place you could recommend? — 저에게 추천할 만한 장소가 있어요?
[이ㅈ 데어래니 플래이쓰 유우 쿳 (우)레커멘ㄷ?]

안내원 How about Molly Beach? — 몰리 해변은 어때요?
[하우 어바웃ㅌ 말리 비이취?]

PATTERN 25 영화는 언제 시작해요?

 **When does** the movie **start?**

구체적인 시간을 묻고자 할 때는 what time을 쓰지만, 좀 더 넓은 시간대를 물어 볼 때는 의문사 when을 씁니다. When does+명사+start?라고 하면, '~은 언제 시작해요?'라는 뜻으로, 영화나 공연이 시작하는 시간을 물어 볼 때 쓸 수 있는 패턴이지요.

When does the movie start?
[웬 더즈 더 무비 쓰따ㄹ트?]   영화는 언제 시작해요?

When does the performance start?
[웬 더즈 더 퍼ㄹ훠ㄹ먼쓰 쓰따ㄹ트?]   공연은 언제 시작해요?

When does the concert start?
[웬 더즈 더 칸써ㄹ트 쓰따ㄹ트?]   콘서트는 언제 시작하나요?

When does the tour start?
[웬 더즈 더 투어ㄹ 쓰따ㄹ트?]   투어는 언제 시작하죠?

When does the show start?
[웬 더즈 더 쑈우 쓰따ㄹ트?]   쇼는 언제 시작해요?

 영화는 언제 시작해요?

구체적인 시작 시간을 물어 볼 때는 when(언제) 대신 what time(몇 시)을 쓸 수 있어요. What time does+명사+start?로 묻는 것이 가장 일반적인데요, I want to know ~.(~을 알고 싶어요.) 또는 Could you tell me ~?(~을 알려 주시겠어요?)를 앞에 붙여 물어 봐도 됩니다.

왕초보씨 **What time does the movie start?**   영화는 몇 시에 시작해요?
[왓 타임 더즈 더 무비 쓰따아ㄹ트?]

직원   **At 6.**   6시에요.
[앳 씩쓰]

왕초보씨 **I just want to know what time the movie starts.**   영화가 몇 시에 시작하는지 알고 싶어요.
[아이 저쓰ㅌ 원 투 노우 왓 타임 더 무비 쓰따아ㄹ츠]

직원   **In ten minutes.**   10분 후에요.
[인 텐 미닛ㅊ]

왕초보씨 **Could you tell me what time the movie starts?**   몇 시에 영화가 시작하는지 알려 주시겠어요?
[쿠쥬우 테엘 미 왓 타임 더 무비 쓰따아ㄹ츠?]

직원   **At 7 o'clock sharp.**   정각 7시에요.
[앳 쎄븐 어클락 샤아ㄹ프]

PATTERN 26 이 해변 이름이 뭐예요?

 **What is this beach called?**

낯선 장소에 도착했을 때, What is this+장소명사+called?의 패턴을 활용하면 장소의 이름을 물어 볼 수 있습니다. call은 '~라고 부르다'란 뜻이니까 '이 ~은 뭐라고 불려요?', 다시 말해 '이 ~의 이름은 뭐예요?'라는 뜻이 되지요.

What is this beach called?
[와리즈 디ㅆ 비이취 콜드?]   이 **해변** 이름이 뭐예요?

What is this park called?
[와리즈 디ㅆ 파아ㄹ크 콜드?]   이 **공원** 이름은 뭐예요?

What is this museum called?
[와리즈 디ㅆ 뮤(우)지이엄 콜드?]   이 **박물관** 이름은 뭐예요?

What is this street called?
[와리즈 디ㅆ 스츄릿 콜드?]   이 **거리** 이름이 뭐예요?

What is this tree called?
[와리즈 디ㅆ 츄리이 콜드?]   이 **나무**는 뭐라고 불려요?

이렇게도 말해요 "이 해변 이름이 뭐예요?"

낯선 장소의 이름을 알고 싶을 때는 What is the name of+장소명사?(~의 이름이 뭐예요?)로 이름을 직접 물어 볼 수도 있습니다. 좀 더 정중하게 Could you tell me ~?(~좀 알려주시겠어요?)나 Do you know ~?(~인지 아세요?)를 활용해서 이름을 물어 봐도 되지요.

왕초보씨 **What is the name of this beach?**   이 해변 이름이 뭐죠?
[와리즈 더 네이머브 디쓰 비이취?]

행인 **Windy Beach.**   윈디 해변이에요.
[윈디 비이취]

왕초보씨 **Could you tell me the name of this beach?**   이 해변 이름 좀 말씀해 주시겠어요?
[쿠쥬우 테엘 미 더 네이머브 디쓰 비이취?]

행인 **Sure, it's called Windy Beach.**   물론이죠. 윈디 해변이에요.
[셔ㄹ, 잇츠 콜드 윈디 비이취]

왕초보씨 **Do you know what the name of this beach is?**   이 해변 이름이 뭔지 아세요?
[두 유우 노우 왓 더 네이머브 디쓰 비이취즈?]

행인 **Actually, I'm trying to find out, too.**   실은, 저 역시 알아 보려고 하고 있어요.
[액추얼리, 암 추라잉 투 화인다웃, 투우]

관광할 때 꼭 쓰는 표현

관광 안내소 이용하기

관광 안내소는 어디에 있나요?
Where is the tourist information center?
[웨어리즈 더 투어리쓰ㅌ 인훠ㄹ메이션 쎈터ㄹ?]

시내 지도 좀 얻을 수 있을까요?
Can I have a city map, please?
[캐나이 해버 씨리 맵ㅍ, 플리즈?]

시내 지도 있나요?
Do you have a city map?
[두 유우 해버 씨리 맵ㅍ?]

한국어로 된 지도 있어요?
Do you have a map in Korean?
[두 유우 해버 매핀 코뤼안?]

이 도시의 관광안내 지도를 얻고 싶어요.
I'd like to get a tourist map of this city.
[아이ㄷ (을)라익 투 게러 투어리쓰ㅌ 매퍼ㅂ 디 씨리]

어디를 추천하시겠어요?
Where would you recommend?
[웨어ㄹ 우쥬우 (우)레커멘ㄷ?]

관광 상품 이용하기

어떤 관광 상품이 있어요?
What kind of tours do you have?
[왓 카인더ㅂ 투어ㄹ쓰 두 유우 해ㅂ?]

어떤 관광 상품을 추천하시겠어요?
Which tours do you recommend?
[위치 투어ㄹ쓰 두 유우 (우)레커멘ㄷ?]

유람선 여행을 예약하고 싶어요.
I'd like to book a cruise.
[아이ㄷ (을)라익 투 북커 크루우ㅈ]

시내 투어를 예약하고 싶어요.
I'd like to book a city sightseeing tour.
[아이ㄷ (을)라익 투 북커 씨리 싸잇씨잉 투어ㄹ]

시내를 둘러보고 싶어요.
I'd like to look around the city.
[아이ㄷ (을)라익 투 루커라운 더 씨리]

야간 시내 투어를 하고 싶어요.	**I'd like to take a night tour around the city.** [아이드 (을)라익 투 테이커 나잇 투어ㄹ 어롸운 더 씨리]
한국인 가이드가 있나요?	**Is there a Korean guide?** [이ㅈ 데어러 코뤼안 가이드?]

공연 보기

제일 인기 있는 공연이 뭐예요?	**What is the most popular show?** [와리즈 더 모우쓰ㅌ 파퓰러 쑈우?]
공연은 언제 시작하나요?	**When does the show begin?** [웬 더즈 더 쑈우 비긴?]
공연은 언제 끝나요?	**When does the show end?** [웬 더즈 더 쑈우 엔ㄷ?]
뮤지컬은 몇 시에 시작하죠?	**What time does the musical start?** [왓 타임 더즈 더 뮤우지컬 쓰따아ㄹ트?]

> musical [뮤우지컬] 뮤지컬
> play [플레이] 연극
> opera [어퍼러] 오페라
> ballet [밸레이] 발레
> parade [퍼레이드] 퍼레이드, 행진
> event [이벤ㅌ] 행사
> soccer game [싸커ㄹ 게임] 축구 경기
> baseball game [베이쓰볼 게임] 야구 경기

티켓 한 장 예매하고 싶어요.	**I'd like to reserve a ticket.** [아이드 (을)라익 투 (우)리저어ㄹ버 티킷]
오늘 공연은 매진되었습니다.	**Today's shows are sold out.** [투데이ㅈ 쑈우ㅈ 아ㄹ 쏠다웃]
좌석 안내도 있어요?	**Do you have a seating chart?** [두 유우 해버 씨이링 촤아ㄹ트?]
앞쪽에 빈 자리 있어요?	**Are there any seats left in the front?** [아ㄹ 데어ㄹ 애니 씨잇ㅆ (을)레흐ㅌ 인 더 후런ㅌ?]

앞 좌석으로 주세요.	**Please get me seats in the front.** [플리즈 겟 미 씨잇ㅆ 인 더 후런ㅌ]
중간 좌석으로 주세요.	**Please get me seats in the middle.** [플리즈 겟 미 씨잇ㅆ 인 더 미들]
뒷좌석으로 주세요.	**Please get me seats in the back.** [플리즈 겟 미 씨잇ㅆ 인 더 백]

박물관이나 미술관 가기

표는 어디서 구입할 수 있어요?	**Where can I buy a ticket?** [웨어ㄹ 캐나이 바이 어 티킷?]
매표소는 어디예요?	**Where is the ticket office?** [웨어리즈 더 티킷 어어휘ㅆ?]

> **ticket office** [티킷 어어휘ㅆ] 매표소
> **gift shop** [깊ㅌ 샵] 선물가게
> **entrance** [엔츄런ㅆ] 입구
> **exit** [엣싵] 출구
> **restroom** [(우)레쓰츄루움] 화장실
> **elevator** [엘리베이러ㄹ] 엘리베이터

실례지만, 줄 서 계신 건가요?	**Excuse me, are you (standing) in line?** [익ㅆ큐우ㅈ 미, 아ㄹ 유우 (쓰땐딩) 인 (을)라인?]
입장료는 얼마예요?	**What is the admission fee?** [와리즈 디 얻미션 휘이?]
성인은 10달러예요.	**It's $10 for adults.** [잇ㅆ 텐 달러ㅈ 훠 어덜ㅊ]
성인 한 장 주세요.	**One adult, please.** [워너덜ㅌ, 플리즈]
일반 입장권 한 장 주세요.	**One general admission, please.** [원 줴너럴 얻미션, 플리즈]
학생 할인 받을 수 있나요?	**Can I get a student discount?** [캐나이 게러 쓰뜌우든ㅌ 디쓰카운ㅌ?]

박물관 관람시간은 어떻게 되죠?	**What are the museum's hours?** [와라아ㄹ 더 뮤(우)지이엄즈 아우어ㄹ즈?]
가이드 투어가 있나요?	**Do you have guided tours?** [두 유우 해ㅂ 가이릿 투어ㄹ즈?]
무료 안내책자 있어요?	**Do you have a free brochure?** [두 유우 해버 후리이 브로우슈어ㄹ?]
박물관 지도를 받고 싶어요.	**I'd like a map of the museum.** [아이ㄷ (을)라이커 맵퍼ㅎ 더 뮤(우)지이엄?]
오디오 가이드 있어요?	**Do you have an audio guide?** [두 유우 해번 어어디오우 가이드?]

감상 말하기

정말 아름다워요.	**It's so beautiful.** [잇 쏘우 뷰우리훨]
멋있어요.	**It's awesome.** [잇ㅆ 어어썸]
환상적이었어요.	**It took my breath away.** [잇 툭 마이 브레써어웨이] ▶ take my breath away는 직역하면 '내 숨을 가져가 버리다'란 뜻인데, '숨이 멎을 만큼 멋지다'라는 의미입니다.
일몰이 멋졌어요.	**It was a breathtaking sunset.** [잇 워저 브레쓰테이킹 썬쎗]

사진 찍기

사진 좀 찍어 주시겠어요?	**Would you mind taking a picture for me?** [우쥬우 마인ㄷ 테이킹 어 픽춰ㄹ 훠 미?]
사진 찍어도 되나요?	**Is photography allowed?** [이ㅈ 훠타그러피 얼라우ㄷ?]

당신의 사진을 찍어도 될까요?	**May I take a picture of you?** [메이 아이 테이커 픽춰ㄹ 어뷰우?]
당신과 같이 사진 좀 찍어도 될까요?	**Can I take a picture with you?** [캐나이 테이커 픽춰ㄹ 위드 유우?]
여기서는 사진을 찍을 수 없습니다.	**Photos are not allowed here.** [호우토우ㅈ 아ㄹ 나럴라우드 히어ㄹ]
이 버튼만 눌러 주시면 돼요.	**Just press this button, please.** [저쓰 프레쓰 디쓰 벗은, 플리즈]
자 웃으세요!	**Say cheese!** [쎄이 취이ㅈ!]

▶ 사진을 찍을 때 한국에서는 '김치'라고 하는데 외국에서는 cheese라고 합니다.

 관광할 때 꼭 쓰는 단어

tourist information 관광 정보
[투어리쓰트 인휘ㄹ메이션]

tourist information center 관광안내소
[투어리쓰트 인휘ㄹ메이션 쎈터ㄹ]

information booth 안내부스
[인휘ㄹ메이션 부우쓰]

tourist attraction 관광 명소
[투어리쓰트 어츄랙션]

museum 박물관
[뮤(우)지이엄]

art gallery 미술관 (= art museum)
[아ㄹ트 갤러리]

amusement park 유원지, 놀이동산
[어뮤우즈먼트 파아ㄹ크]

movie theater 영화관
[무비 씨애터]

aquarium 수족관
[어크웨어리엄]

palace 궁전
[팰리쓰]

castle 성, 저택
[캐쓸]

cathedral 대성당
[커띠이쥬럴]

guide 가이드, 안내원
[가이드]

admission fee 입장료
[얻미션 휘이]

souvenir 기념품
[쑤우버니어ㄹ]

city map 시내 지도
[씨디 맵ㅍ]

tourist map 관광지도
[투어리쓰트 맵ㅍ]

view 풍경, 경치
[뷰우]

landscape 경치
[(을)랜쓰께이ㅍ]

sightseeing 관광
[싸잇씨잉]

city tour 도시 투어
[씨리 투어ㄹ]

night tour 야간 투어
[나잇 투어ㄹ]

guided tour 가이드 투어
[가이릿 투어ㄹ]

hiking 도보여행
[하이킹]

backpacking 배낭여행
[백패킹]

travel agency 여행사
[츄래블 에이전씨]

package tour 패키지여행
[패키쥐 투어ㄹ]

itinerary 여행 일정표
[아이티너뤠리]

tour brochure 관광 안내책자
[투어ㄹ 브로우슈어ㄹ]

2 nights 3 days 2박 3일
[투우 나잇ㅆ 뜨리이 데이ㅈ]

관광

REAL Travel Scene

UNIT 7

식당에서
AT A RESTAURANT

돈워리패턴 27 레스토랑은 몇 시까지 열어요?
돈워리패턴 28 맛이 있어요?
돈워리패턴 29 음료는 어떤 게 있어요?

PATTERN 27 레스토랑은 몇 시까지 열어요?

 **How late is** [the restaurant] **open?**

레스토랑, 커피숍, 가게 등이 몇 시까지 영업하는지 알고 싶을 때는 How late is+장소명사+open?으로 물어 보면 됩니다. late가 '늦게'란 뜻이니까 '~은 얼마나 늦게까지 문을 열어요?', 다시 말해 '~은 몇 시까지 열어요?'란 뜻이 되지요. 영업 마감시간을 묻는 패턴이에요.

How late is **the restaurant** open?
[하울레잇 이ㅈ 더 (우)레쓰터런ㅌ 오우쁜?] **레스토랑**은 몇 시까지 열어요?

How late is **this Chinese restaurant** open?
[하울레잇 이ㅈ 디ㅆ 차이니즈 (우)레쓰터런ㅌ 오우쁜?] **이 중국식당**은 몇 시까지 열어요?

How late is **the buffet restaurant** open?
[하울레잇 이ㅈ 더 버휏 (우)레쓰터런ㅌ 오우쁜?] **뷔페 식당**은 몇 시까지 열죠?

How late is **the coffee shop** open?
[하울레잇 이ㅈ 더 커어퓌 샵 오우쁜?] **커피숍**은 몇 시까지 문 열어요?

How late is **it** open **today**?
[하울레잇 이짓 오우쁜 투데이?] **오늘은** 언제까지 영업해요?

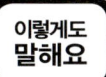 레스토랑은 몇 시까지 열어요?

레스토랑이 몇 시까지 여냐는 말은 몇 시에 문을 닫느냐는 말이므로, open(열다)의 반대말인 close(닫다)를 써서 물어 볼 수도 있습니다. 혹은 몇 시에 열고 닫는지 영업시간(hours)을 물어 볼 수도 있지요.

왕초보씨 When does the restaurant close?   레스토랑은 언제 문 닫나요?
[웬 더즈 더 (우)레쓰터런ㅌ 클로우즈?]

식당직원 At 9 p.m.   저녁 9시에요.
[앳 나인 피이엠]

왕초보씨 What are your hours?   영업시간이 어떻게 되죠?
[와ㄹ 유어ㄹ 아우어ㄹ즈?]

식당직원 We are open from 11 a.m. to 9 p.m.   오전 11시부터 저녁 9시까지 영업합니다.
[위이 아ㄹ 오우쁜 후럼 일레븐 에이엠 투 나인 피이엠]

왕초보씨 Could you tell me what time the restaurant closes tonight?   오늘밤 몇 시에 레스토랑이 닫는지 말씀해 주실래요?
[쿠쥬우 테엘 미 왓 타임 더 (우)레쓰터런ㅌ 클로우지ㅈ 투나잇?]

식당직원 Sure, it closes around 9 p.m.   물론이죠, 저녁 9시쯤에 문 닫아요.
[셔ㄹ, 잇 클로우지저라운ㄷ 나인 피이엠]

PATTERN 28 맛이 있어요?

 **Does it taste good ?**

음식이 무슨 맛인지 궁금할 때나, 웨이터가 손님에게 음식 맛을 확인할 때는 Does it taste+형용사?의 패턴을 활용해서 음식 맛이 어떤지를 물어 볼 수 있습니다. '~한 맛이 나요?'라는 뜻이에요. 뒤에 음식의 맛을 나타내는 형용사를 넣으면 되지요.

Does it taste good?
[더짓 테이쓰트 굿?]   맛이 있어요?

Does it taste bad?
[더짓 테이쓰트 배드?]   맛이 없나요?

Does it taste sweet?
[더짓 테이쓰트 쓰위잇트?]   달콤한가요?

Does it taste salty?
[더짓 테이쓰트 썰티?]   맛이 **짠**가요?

Does it taste sour?
[더짓 테이쓰트 싸워ㄹ?]   **신**맛이 나요?

이렇게도 말해요 | 맛이 있어요?

웨이터가 손님에게 음식 맛이 괜찮냐고 물을 때는 Do you like it? 혹은 Is it good?이라고 물어 봅니다. 혹은 '맛은 어때요?'라는 의미로 How does it taste?라고 하거나, '음식은 어때요?' 란 의미로 How is your+음식?으로 묻기도 하지요.

웨이터	**Do you like it?** [두 유우 라이킷?]	맛이 괜찮으신가요?
왕초보씨	**Yes, I do.** [예쓰, 아이 두]	네, 좋아요.

웨이터	**How is your steak?** [하우 이ㅈ 유어ㄹ 쓰떼이ㅋ?]	스테이크 어떠십니까?
왕초보씨	**It's excellent. Thank you.** [잇ㅆ 엑썰런ㅌ. 땡큐]	아주 좋아요. 고마워요..

웨이터	**How does it taste? Is it good?** [하우 더짓 테이쓰ㅌ? 이짓 굿?]	맛이 어떠십니까? 맛있어요?
왕초보씨	**It tastes so good.** [잇 테이쓰 쏘우 굿]	맛이 아주 좋아요.

음료는 어떤 게 있어요?

 **What kind of beverages do you have?**

음식을 주문하기 전에 식당에서 어떤 종류의 음식을 파는지 알고 싶을 때 사용할 수 있는 패턴이 What kind of+명사+do you have?입니다. '~은 어떤 게 있어요?'란 뜻이죠. 음료, 드레싱, 소스 등 식당에서 제공하는 음식의 종류를 물어 보는 표현이에요.

What kind of **beverages** do you have?
[왓 카인더ㅂ 베버리쥐ㅈ 두 유우 해ㅂ?]   **음료**는 어떤 게 있어요?

What kind of **salad dressings** do you have?
[왓 카인더ㅂ 쌜러 쥬레싱ㅅ 두 유우 해ㅂ?]   **샐러드 드레싱**은 어떤 게 있나요?

What kind of **appetizers** do you have?
[왓 카인더ㅂ 애피타이저ㄹ즈 두 유우 해ㅂ?]   **애피타이저**는 어떤 게 있지요?

What kind of **sauces** do you have?
[왓 카인더ㅂ 싸씨ㅅ 두 유우 해ㅂ?]   **소스**는 어떤 게 있어요?

What kind of **food** do you have?
[왓 카인더ㅂ 후우ㄷ 두 유우 해ㅂ?]   어떤 **음식**이 있어요?

 음료는 어떤 게 있어요?

'음료'는 beverage라고도 하지만 drink라고도 합니다. 음료의 종류를 물을 때는 What kind of beverages[drinks] do you have?를 줄여 What do you have?라고만 물어도 돼요. drink는 동사로 '마시다'란 뜻도 있으므로 뒤에 to drink를 덧붙여도 됩니다.

| 왕초보씨 | What do you have?
[왓 두 유우 해ㅂ?] | 뭐가 있죠? |
| 웨이터 | We have apple juice.
[위 해ㅂ 애플 주우스] | 사과 주스 있어요. |

| 왕초보씨 | What do you have to drink?
[왓 두 유우 해ㅂ 투 주링ㅋ?] | 마실 게 뭐가 있죠? |
| 웨이터 | We have soft drinks and orange juice.
[위 해ㅂ 써어흐트 쥬링ㅆ 앤 오오린쥐 주우스] | 청량음료와 오렌지 주스 있어요. |

| 왕초보씨 | What kind of drinks do you have here?
[왓 카인더ㅂ 쥬링ㅆ 두 유우 해ㅂ 히어ㄹ?] | 여기에는 어떤 음료가 있나요? |
| 웨이터 | This is our menu.
[디씨ㅈ 아우어ㄹ 메뉴우] | 이게 우리 메뉴입니다. |

식당에서 **125**

MORE TALKING

식당에서 꼭 쓰는 표현

식당 예약하기

한식당을 찾고 있어요.

I'm looking for a Korean restaurant.
[암 (을)룩킹 훠러 코뤼안 (우)레쓰터런ㅌ]

> **Korean restaurant** [코뤼안 (우)레쓰터런ㅌ] 한식당
> **Chinese restaurant** [차이니즈 (우)레쓰터런ㅌ] 중식당
> **Japanese restaurant** [줴퍼니이ㅈ (우)레쓰터런ㅌ] 일본식당
> **fast-food restaurant** [훼쓰ㅌ 후우ㄷ (우)레쓰터런ㅌ] 패스트푸드점
> **buffet restaurant** [버휏 (우)레쓰터런ㅌ] 뷔페 식당

저녁 8시에 예약하고 싶어요.

I'd like to make a reservation for 8 p.m.
[아이ㄷ (을)라익 투 메이커 (우)레저ㄹ베이션 훠ㄹ 에잇ㅌ 피이엠]

2인석 예약하고 싶어요.

I'd like to book a table for two.
[아이ㄷ (을)라익 투 북커 테이블 훠ㄹ 투우]

식당 입구에서

예약을 했어요.

I have a reservation.
[아이 해버 (우)레저ㄹ베이션]

안내받을 때까지 기다려야 되나요?

Do I have to wait to be seated?
[두 아이 해ㅂ 투 웨잇 투 비 씨이릿?]

세 명 자리 주세요.

A table for three, please.
[어 테이블 훠ㄹ 뜨리이, 플리즈]

금연석이 있나요?

Do you have a nonsmoking section?
[두 유우 해버 넌스모우킹 쎅션?]

흡연석이 있나요?

Do you have a smoking section?
[두 유우 해버 스모우킹 쎅션?]

금연석으로 부탁합니다.	I'd like a table in the nonsmoking section, please. [아이드 (을)라이커 테이블 인 더 넌스모우킹 쎅션, 플리즈]
창가 쪽 자리로 줄래요?	Can we get a table near the window? [캔 위이 게러 테이블 니어ㄹ 더 윈도우?]
창가 쪽 자리로 부탁합니다.	Please give me a table near the window. [플리즈 기ㅂ 미 어 테이블 니어ㄹ 더 윈도우]
이쪽으로 오세요.	This way, please. [디ㅆ 웨이, 플리즈]

주문하기

주문하시겠어요?	Would you like to order? [우쥬울라익 투 오오ㄹ더ㄹ?]
주문하실래요?	Are you ready to order? [아ㄹ 유우 (우)레디 투 오오ㄹ더ㄹ?]
무엇으로 주문하시겠어요?	What would you like to order? [왓 우쥬울라익 투 오오ㄹ더ㄹ?]
샐러드 주세요.	I'll have a salad, please. [아일 해버 쌜러드, 플리즈]

> a salad [어 쌜러드] 샐러드
> a steak [어 쓰떼이ㅋ] 스테이크
> the soup [더 쑤웁ㅍ] 수프
> a sandwich [어 쌘드위취] 샌드위치
> spaghetti [쓰뻐게리] 스파게티
> pizza [피잇싸] 피자
> French fries [후렌치 후라이즈] 잘게 썬 감자 튀김
> the seafood [더 씨이후우드] 해산물 요리

▶ 음식을 주문할 때는 I'll have+음식. 또는 I'd like+음식.으로 말합니다.

메뉴판 좀 줄래요?	Can I get a menu? [캐나이 게러 메뉴우?]

식당에서

조금 있다 주문할게요.	**I'll order a little later.** [아일 오오ㄹ더러 (을)리를 (을)레이러ㄹ]
이 식당에서 잘하는 게 뭔가요?	**What is your speciality?** [와리즈 유어ㄹ 쓰뻬셜티?]
오늘의 특별요리는 뭔가요?	**What's the special today?** [왓ㅆ 더 쓰뻬셜 투데이?]
어떤 요리를 추천하십니까?	**What do you recommend?** [왓 두 유우 (우)레커멘ㄷ?]
이 빵을 적극 추천합니다.	**I highly recommend this bread.** [아이 하일리 (우)레커멘ㄷ 디ㅆ 브레ㄷ]
스테이크는 어떻게 해 드릴까요?	**How would you like your steak?** [하우 우쥬울라익 유어ㄹ 쓰떼이ㅋ?]
바짝 익혀 주세요.	**I'd like it well-done, please.** [아이ㄷ (을)라이킷 웰 던, 플리즈]

- **well-done** [웰 던] 바짝 익힌
- **medium** [미이디엄] 중간 정도로 익힌
- **medium-rare** [미이디엄 (우)레어ㄹ] 중간에서 살짝 덜 익힌
- **medium-well** [미이디엄 웰] 중간에서 살짝 더 익힌
- **rare** [(우)레어ㄹ] 덜 익힌

▶ medium은 고기에 연한 핑크빛이 남아 있는 상태, medium-rare는 고기 중앙의 50%, medium-well은 중앙의 25%를 덜 익힌 상태를 말합니다.

앞접시 좀 주세요.	**Get me an extra plate, please.** [겟 미 언 엑쓰츄러 플레잇ㅌ, 플리즈]
다른 숟가락 좀 갖다 주시겠어요?	**Could you get me another spoon?** [쿠쥬우 겟 미 어나더ㄹ 쓰뿌운?]

- **spoon** [쓰뿌운] 숟가락
- **fork** [호오ㄹ크] 포크
- **knife** [나잇ㅎ] 나이프

패스트푸드 주문하기

주문하시겠어요?
May I take your order?
[메이 아이 테이큐어ㄹ 오오ㄹ더ㄹ?]

2번 세트 주세요.
I'll have the combo number 2, please.
[아일 해ㅂ 더 캄보오 넘버어ㄹ 투우, 플리즈]

여기서 먹을 건가요, 아니면 포장인가요?
For here or to go?
[훠 히어ㄹ 오어 투 고우?]

가져갈 거예요.
To go, please.
[투 고우, 플리즈]

여기서 먹을 거예요.
For here, please.
[훠 히어ㄹ, 플리즈]

여기서 먹겠습니다.
I'll have it here.
[아일 해빗 히어ㄹ]

콜라 주세요, 얼음은 빼고요.
A Coke without ice, please.
[어 코욱ㅋ 위다웃 아이ㅆ, 플리즈]

케첩 좀 주세요.
Please get me some ketchup.
[플리즈 겟 미 썸 켓첩]

커피 주문하기

뭘 드릴까요?
What can I get you?
[웟 캐나이 게츄우?]

라떼 한 잔 주세요.
I would like a latte, please.
[아이 우들라이커 (을)라아테이, 플리즈]

a latte [어 (을)라아테이] 라떼
an iced latte [언 아이쓰ㅌ (을)라아테이] 아이스 라떼
an espresso [언 에쓰프레쏘우] 에스프레소 커피
a cappuccino [어 카아뿌치이노우] 카푸치노

커피 좀 주세요.
I'd like some coffee, please.
[아이ㄷ (을)라익 썸 커어퓌, 플리즈]

차 한 잔 주세요. **I'd like a cup of tea, please.**
[아이ㄷ (을)라이커 커퍼ㅂ 티이, 플리즈]

카페인 없는 커피 있어요? **Do you have decaf?**
[두 유우 해ㅂ 디이캐ㅎ?]

어떤 사이즈로 드릴까요? **Which size would you like?**
[위치 싸이ㅈ 우쥬울라익?]

큰 사이즈로 주세요. **I would like a Large, please.**
[아이 우들라이커 (을)라아ㄹ쥐, 플리즈]

> **Large** [(을)라아ㄹ쥐] 큰
> **Medium** [미이디엄] 중간의
> **Small** [쓰머얼] 작은

▶ 커피숍에서는 일반적으로 Small 〈 Medium 〈 Large로 사이즈를 구분하는데요, 스타벅스 같은 경우에는 Tall 〈 Grande 〈 Venti로 사이즈를 다르게 구분합니다.

크림과 설탕을 넣어 주세요. **Cream and sugar, please.**
[크리이임 앤 슈거ㄹ, 플리즈]

불만사항 말하기

이건 제가 주문한 게 아닌데요. **I don't think I ordered this.**
[아이 도운ㅌ 띵ㅋ 아이 오오ㄹ더ㄹ드 디ㅆ]

제가 주문한 게 아직 안 나왔어요. **My order hasn't come out yet.**
[마이 오오ㄹ더ㄹ 해즌 커마웃 옛]

맛이 이상해요. **It tastes funny.**
[잇 테이쓰 훠니]

이거 못 먹겠어요. **I can't eat this.**
[아이 캔ㅌ 잇 디ㅆ]

이거 너무 짜요. **This is too salty.**
[디씨ㅈ 투우 쎠얼티]

이 음식은 너무 익었어요.	This food is overcooked. [디쓰 후우ㄷ 이ㅈ 오우버ㄹ쿠욱ㅌ]
냄새가 안 좋아요.	It smells bad. [잇 쓰멜ㅈ 배ㄷ]
음식에 이물질이 들어 있어요.	There's something in my food. [데어ㄹ쓰 썸띵 인 마이 후우ㄷ]

계산하기

계산서 좀 주시겠어요?	Could I have the bill, please? [쿠다이 해ㅂ 더 비일, 플리ㅈ?]
계산서 주시겠어요?	May I have the check, please? [메이 아이 해ㅂ 더 첵ㅋ, 플리ㅈ?]

▶ '계산서'를 미국에서는 check, 영국에서는 bill이라고 해요. '계산서 부탁해요'라고 할 때는 Check, please. 혹은 I'd like the bill, please.라고 해도 됩니다.

현금인가요, 아니면 카드인가요?	Will that be cash or charge? [위일 댓 비이 캐쉬 오어 촤아ㄹ쥐?]
오늘은 어떻게 계산하시겠어요?	How will you be paying today? [하우 윌 유우 비이 페잉 투데이?]
현금으로 계산할게요.	I'll pay in cash. [아일 페이 인 캐쉬]
신용카드로 계산할게요.	I'll pay by credit card. [아일 페이 바이 크레딧 카아ㄹ드]
신용카드 되나요?	Do you take credit cards? [두 유우 테잇ㅋ 크레딧 카아ㄹㅈ?]
카드 여기 있어요.	Here is my card. [히어리ㅈ 마이 카아ㄹ드]
영수증 좀 주시겠어요?	Can I have a receipt, please? [캐나이 해버 (우)리씨잇ㅌ, 플리ㅈ?]

잔돈은 가지세요. **Keep the change.**
[키입 더 체인쥐]

잔돈은 필요 없어요, 고마워요. **I don't need the change, thanks.**
[아이 도운ㅌ 니이더 체인쥐, 땡ㅆ]

팁 고맙습니다. **Thank you for your tip.**
[땡큐우 훠ㄹ 유어ㄹ 팁]

▶ 미국, 캐나다 같은 북미권에서는 팁 문화가 일반적이기 때문에, 식사 후에 음식 값과는 별도로 팁을 지불해야 합니다. 음식 값의 15~20% 정도 선에서 지불하는 것이 보통이에요.

식당에서 꼭 쓰는 단어

menu 메뉴
[메뉴우]

waiter 웨이터 (남자)
[웨이러ㄹ]

waitress 웨이트리스 (여자)
[웨이트리스]

reservation 예약
[(우)레저ㄹ베이션]

table 테이블
[테이블]

nonsmoking table 금연석
[넌스모우킹 테이블]

smoking table 흡연석
[스모우킹 테이블]

meal 음식, 식사
[미일]

dish 요리, 접시
[디쉬]

order 주문하다
[오오ㄹ더ㄹ]

wait 기다리다
[웨잇!]

cook 요리하다, 요리사
[쿡ㅋ]

chef 주방장
[쉐ㅍ]

specials 특별 요리
[쓰뻬셜ㅅ]

salad 샐러드
[쌜러ㄷ]

dressing 드레싱
[쥬레싱]

soup 수프
[쑤웁ㅍ]

meat 고기
[미잇]

steak 스테이크
[쓰떼이크]

seafood 해산물
[씨이후우ㄷ]

coffee 커피
[커어퓌]

tea 차
[티이]

water 물
[워어러ㄹ]

fork 포크
[호오ㄹ크]

knife 나이프
[나잇ㅎ]

spoon 숟가락
[쓰뿌운]

chopsticks 젓가락
[찹쓰틱ㅅ]

bill 계산서
[비일]

check 계산서, 전표
[첵ㅋ]

vegetarian 채식주의자
[베줘테어리언]

REAL Travel Scene

UNIT 8

술집에서
AT A BAR

돈워리패턴 30   맥주 한 잔 주세요.
돈워리패턴 31   여기 앉아도 될까요?
돈워리패턴 32   이 술은 내가 살게요.

PATTERN 30 맥주 한 잔 주세요.

 **I'll have a beer .**

음식이나 술을 주문할 때는 I'll have+명사(구).라고 말하면 됩니다. 동사 have의 대표적인 뜻은 '가지고 있다'지만, 구어체에서는 '먹다(eat)' 또는 '마시다(drink)'란 뜻으로도 많이 사용돼요. 직역하면 '~을 먹겠어요, ~을 마시겠어요'란 뜻이니까 '~을 주세요'라는 의미가 되지요.

I'll have a beer.
[아일 해버 비어ㄹ]　　　　　　　　　　　　　　　　　　　　　　　　맥주 한 잔 주세요.

I'll have a glass of wine.
[아일 해버 글래써ㅂ 와인]　　　　　　　　　　　　　　　　　　　　　와인 한 잔 주세요.

I'll have a bottle of whisky.
[아일 해버 바를어ㅂ 위쓰키]　　　　　　　　　　　　　　　　　　　　위스키 한 병 주세요.

I'll have another of the same.
[아일 해버나더ㄹ 어ㅂ 더 쎄임]　　　　　　　　　　　　　　　　　　　같은 걸로 한 잔 더 주세요.

I'll have a glass of water, please.
[아일 해버 글래써ㅂ 워어러ㄹ, 플리즈]　　　　　　　　　　　　　　　　물 한 잔 주세요.

> **이렇게도 말해요**

맥주 한 잔 주세요.

'맥주 한 잔'은 a glass of beer, 혹은 a beer라고 합니다. 간단히 주문하고자 하는 음료 뒤에 please만 붙여도 되는데, I'd like+명사(구). 또는 I'll take+명사(구).를 이용해서 주문할 수도 있어요. 뒤에 please를 넣어 말하면 더욱 정중한 표현이 됩니다.

바텐더 What do you want to order? 뭘 주문할래요?
[왓 두 유우 원 투 오오ㄹ더ㄹ?]

왕초보씨 A glass of beer, please. 맥주 한 잔 주세요.
[어 글래쓰ㅂ 비어ㄹ, 플리즈]

바텐더 Are you ready to order? 주문할 준비됐어요?
[아ㄹ 유우 (우)레디 투 오오ㄹ더ㄹ?]

왕초보씨 Yes, I am. I'd like a beer, please. 네. 맥주 주세요.
[예쓰, 아이 엠. 아이ㄷ (을)라이커 비어ㄹ, 플리즈]

바텐더 What would you like to order? 무엇을 주문하시겠어요?
[왓 우쥬울라익 투 오오ㄹ더ㄹ?]

왕초보씨 I'll take a glass of beer, please. 맥주 한 잔 부탁해요.
[아일 테이커 글래쓰ㅂ 비어ㄹ, 플리즈]

PATTERN 31 여기 앉아도 될까요?

 **Do you mind if I sit here ?**

주변 사람들에게 양해를 구할 때는 '~해도 될까요?'란 뜻의 Do you mind if I+동사?로 말해요. mind는 '꺼리다, 신경을 쓰다'란 뜻이므로 허락하는 경우는 Of course not.(물론 괜찮아요.)이나 No, I don't mind.(네, 상관없어요.)처럼 부정문으로 답변합니다.

Do you mind if I sit here?
[두 유우 마인디퐈이 씻 히어ㄹ?]   여기 앉아도 될까요?

Do you mind if I smoke?
[두 유우 마인디퐈이 스모우ㅋ?]   담배 피워도 될까요?

Do you mind if I buy you a drink?
[두 유우 마인디퐈이 바이 유우 어 쥬링ㅋ?]   내가 술 한잔 사도 될까요?

Do you mind if I drink some beer?
[두 유우 마인디퐈이 쥬링 썸 비어ㄹ?]   맥주 좀 마셔도 될까요?

Do you mind if I have another glass of wine?
[두 유우 마인디퐈이 해버나더ㄹ 글래쓰ㅂ 와인?]   와인 한 잔 더 마셔도 될까요?

> **이렇게도 말해요**
>
> ## 여기 앉아도 될까요?

Do you mind if I+동사?에서 Do 대신 Would를 넣으면 좀 더 정중한 표현이 됩니다. 혹은 Can I+동사?(~해도 돼요?)나 Is it okay with you if I+동사?(~해도 괜찮아요?)를 써서 뭘 해도 되냐고 상대방의 허락을 구할 수 있어요.

왕초보씨 **Would you mind if I sat here?**   여기 앉아도 되겠습니까?
[우쥬우 마인디화이 쌧 히어ㄹ?]

손님 **No, I wouldn't mind.**   네, 상관없어요.
[노우, 아이 우든 마인ㄷ]

왕초보씨 **Can I sit here?**   여기 앉아도 돼요?
[캐나이 씻 히어ㄹ?]

손님 **Sure, you can. Go ahead.**   물론이죠. 앉으세요.
[셔ㄹ, 유우 캔. 고우 어헤ㄷ]

왕초보씨 **Is it okay with you if I sit here?**   여기 앉아도 괜찮을까요?
[이지러케이 위ㄷ 유우 이화이 씻 히어ㄹ?]

손님 **Sure, please take a seat here.**   물론이죠. 여기 앉으세요.
[셔ㄹ, 플리즈 테이커 씨잇 히어ㄹ]

PATTERN 32 이 술은 내가 살게요.

 **This drink is on me.**

여행지에서 만난 친구와 술을 마시다 보면 술기운에 서로 술값을 계산하겠다고 옥신각신하는 경우가 종종 생깁니다. 다른 사람의 술값을 계산하고 싶을 때는 This+명사(구)+is on me.라고 말해 보세요. '이 ~은 제가 살게요'라는 뜻으로, 중간에 마신 술 종류를 넣어서 말하면 됩니다.

This **drink** is on me.
[디쓰 쥬링크 이전 미]   이 **술**은 내가 살게요.

This **beer** is on me.
[디쓰 비어ㄹ 이전 미]   이 **맥주**는 제가 살게요.

This **whisky** is on me.
[디쓰 위쓰키 이전 미]   이 **위스키**는 제가 살게요.

This **wine** is on me.
[디쓰 와인 이전 미]   이 **와인**은 내가 살게요.

This **cocktail** is on me.
[디쓰 칵테일 이전 미]   이 **칵테일**은 제가 살게요.

> **이렇게도 말해요**
>
> 이 술은 내가 살게요.

내가 술을 산다고 할 때는 '지불하다'란 뜻의 pay나 '사다'란 뜻의 buy를 써서 I'll pay ~.나 Let me pay ~. 혹은 I'm buying ~.으로 말할 수 있어요. 또는, '내가 계산할게요.'라는 뜻으로 I will pick up the bill[tab].이란 표현을 쓰기도 합니다.

왕초보씨	I'll pay for this drink. [아일 페이 풔ㄹ 디ㅆ 쥬링ㅋ]	이 술값은 내가 낼게요.
친구	Thanks. [땡ㅆ]	고마워요.

왕초보씨	Let me pay for this drink. [(을)렛 미 페이 풔ㄹ 디ㅆ 쥬링ㅋ]	이 술은 내가 계산할게요.
친구	Thanks. Next time I'll pay. [땡ㅆ. 넥쓰 타임 아일 페이]	고마워요. 다음에는 내가 낼게요.

왕초보씨	I'm buying this round. [암 바잉 디ㅆ (우)라운ㄷ]	이번에는 내가 살게요.
친구	You don't have to do that. [유우 도운ㅌ 해ㅂ 투 두 댓]	그럴 필요까지는 없어요.

 **술집에서 꼭 쓰는 표현**

술집 입구에서

들어가도 돼요?
May I come in?
[메이 아이 커민?]

영업시간이 어떻게 돼요?
What are your business hours?
[와라 유어ㄹ 비즈니쓰 아우어ㄹ즈?]

이 술집은 몇 시까지 영업해요?
How late is this bar open?
[하울레잇 이ㅈ 디쓰 바ㄹ 오우쁜?]

몇 시까지 주문을 받죠?
When is last call?
[웨니즈 (을)래쓰ㅌ 커얼?]

술 주문하기

뭘 마실래요?
What do you want to drink?
[왓 두 유우 원 투 쥬링ㅋ?]

뭘 마시겠어요?
What would you like to drink?
[왓 우쥬올라익 투 쥬링ㅋ?]

생맥주 한 잔 주세요.
I'll have a draft, please.
[아일 해버 쥬래프ㅌ, 플리즈]

맥주로 할게요.
I will take a beer.
[아이 윌 테이커 비어ㄹ]

와인 한 잔 주세요.
A glass of wine, please.
[어 글래쓰ㅂ 와인, 플리즈]

와인 한 잔 주세요.
Please give me a glass of wine.
[플리즈 기ㅂ 미 어 글래쓰ㅂ 와인]

우선 메뉴판 좀 볼게요.
Let me take a look at the menu, first.
[(을)렛 미 테이커 (을)룩캣 더 메뉴우, 훠어ㄹ쓰ㅌ]

어떤 맥주가 있어요?

What beers do you have?
[왓 비어ㄹ즈 두 유우 해ㅂ?]

beers [비어ㄹ즈] 맥주
red wines [(우)레ㄷ 와인ㅈ] 적포도주
white wines [와잇ㅌ 와인ㅈ] 백포도주
whiskeys [위쓰끼ㅈ] 위스키
vodkas [바ㄷ커ㅈ] 보드카
champagnes [섐페인ㅈ] 샴페인
cocktails [칵테일ㅈ] 칵테일

병맥주가 있나요?

Do you have any bottled beer?
[두 유우 해배니 바틀ㄷ 비어ㄹ?]

어떤 술을 추천하시겠어요?

What drink would you recommend?
[왓 쥬링ㅋ 우쥬우 (우)레커멘ㄷ?]

와인 목록 좀 보여 주세요.

Please show me the wine list.
[플리즈 쑈우 미 더 와인 (을)리쓰ㅌ]

할인 시간(happy hour) 이용하기

할인 시간이 있어요?

Does it have a happy hour?
[더짓 해버 해삐 아우어ㄹ?]

▶ happy hour는 술집에서 한가한 시간에 할인된 가격으로 술을 제공하는 시간대를 말해요.

할인 시간은 몇 시부터인가요?

What time does happy hour begin?
[왓 타임 더즈 해삐 아우어ㄹ 비긴?]

할인 시간은 매일 오후 5시 30분 부터 7시 30분까지입니다.

Happy hour is from 5:30 p.m. to 7:30 p.m. every day.
[해삐 아우어ㄹ 이ㅈ 후럼 화이브 떠어ㄹ리 피이엠 투 쎄븐 떠어ㄹ리 피이엠 에브리 데이]

할인 가격으로 술 마실 수 있어요.

You can enjoy drinks at a reduced price.
[유우 캔 인조이 쥬링쌔러 (우)리듀우쓰ㅌ 프라이ㅆ]

함께 술 마시기

술 한잔 어때요? **How about a drink?**
[하우 어바우러 쥬링ㅋ?]

술 한잔 할래요? **Care for a drink?**
[케어ㄹ 훠러 쥬링ㅋ?]

술 한잔 할래요? **Do you care for a drink?**
[두 유우 케어ㄹ 훠러 쥬링ㅋ?]

아니요, 괜찮아요. 이번에는 안 마실래요. **No, thanks. I will pass this time.**
[노우, 땡ㅆ. 아이 윌 패쓰 디ㅆ 타임]

지금은 술 마실 기분이 아니에요. **I'm not in the mood for a drink right now.**
[암 나린 더 무우ㄷ 훠러 쥬링ㅋ (우)롸잇 나우]

내가 계산할게요. **I will pick up the tab.**
[아이 윌 피컵 더 탭]

내가 계산할게요. **I will pick up the bill.**
[아이 윌 피컵 더 비일]

위하여! **Here's to us!**
[히어ㄹ쓰 투 어쓰!]

건배! **Cheers!**
[취어ㄹ쓰!]

원샷! **Bottoms up!**
[바럼접!]

▶ 건배할 때 쓰는 말로, 술잔의 밑바닥(bottoms)을 위로(up) 들어 올려 한 번에 쭉 들이키라는 의미입니다.

 술집에서 꼭 쓰는 단어

bar 술집, 바
[바아ㄹ]

pub 선술집, 호프집
[펍]

cocktail bar 칵테일 바
[칵테일 바아ㄹ]

club 클럽
[클럽]

bartender 바텐더
[바아ㄹ텐더ㄹ]

alcohol 술
[앨커허얼]

beer 맥주
[비어ㄹ]

draft 생맥주
[쥬랩ㅌ]

wine 와인, 포도주
[와인]

whiskey 위스키
[위쓰끼]

champagne 샴페인
[섐페인]

gin and tonic 진토닉
[쥔 앤 타닉]

brandy 브랜디
[브뤤디]

wine list 와인 목록
[와인 (을)리쓰ㅌ]

pitcher 피처 (음료 담는 용기)
[피춰ㄹ]

glass 유리잔
[글래쓰]

ID 신분증
[아이디]

underage 미성년의
[언더레이쥐]

be drunk 술 취하다
[비 쥬렁ㅋ]

last call 마지막 주문요청
[(을)래쓰 커얼]

hangover 숙취
[행오우버ㄹ]

another round 한 잔 더
[어나더ㄹ (우)라운ㄷ]

drink 술, 음료, 마시다
[쥬링ㅋ]

have a drink 술 한잔 하다
[해버 쥬링ㅋ]

order 주문하다
[오오ㄹ더ㄹ]

seat 자리
[씨잇]

table 테이블
[테이블]

check 계산서 (= bill, tab)
[첵ㅋ]

REAL Travel Scene

UNIT 9

쇼핑
SHOPPING

돈워리패턴 33   셔츠를 찾고 있어요.
돈워리패턴 34   이 가방이 마음에 들어요.
돈워리패턴 35   가격 좀 깎아 주시겠어요?
돈워리패턴 36   이 넥타이를 교환하고 싶어요.

PATTERN 33 셔츠를 찾고 있어요.

 **I'm looking for a shirt .**

사고 싶은 물건이 있을 때는 점원에게 I'm looking for+명사(구).라고 말하면 됩니다. look for 는 '~을 찾다'란 뜻이니까 '~을 찾고 있어요'라는 의미가 되지요. 전치사 for 뒤에 사려는 물건을 넣어서 말해 주세요.

I'm looking for a shirt.
[암 (을)룩킹 훠러 셔어ㄹ트] 셔츠를 찾고 있어요.

I'm looking for a hat.
[암 (을)룩킹 훠러 햇] 모자를 찾고 있어요.

I'm looking for a necklace.
[암 (을)룩킹 훠러 넥클리쓰] 목걸이를 찾고 있어요.

I'm looking for a jacket.
[암 (을)룩킹 훠러 재킷] 재킷을 찾고 있어요.

I'm looking for a tie.
[암 (을)룩킹 훠러 타이] 넥타이를 찾고 있어요.

이렇게도 말해요 셔츠를 찾고 있어요.

가게에서 물건을 찾을 때는 '~을 사고 싶어요'라는 의미로 I'd like to buy+명사(구).라고 해도 되고, '~이 필요해요'라는 의미로 I need+명사(구).라고 해도 됩니다. 또는 I'm here to+동사.(~하러 왔어요.) 패턴을 이용해서 어떤 물건을 사러 왔다고 말해도 되지요.

왕초보씨 I'd like to buy a shirt. 셔츠를 사고 싶어요.
[아이드 (을)라익 투 바이 어 셔어ㄹ트]

가게점원 How about this one? 이건 어때요?
[하우 어바웃 디ㅆ 원?]

왕초보씨 I need a shirt. 셔츠가 필요해요.
[아이 니이러 셔어ㄹ트]

가게점원 What kind of shirt are you looking for? 어떤 셔츠를 찾으세요?
[왓 카인더ㅂ 셔어ㄹ트 아ㄹ 유우 (을)룩킹 훠ㄹ?]

왕초보씨 I'm here to buy a shirt. 셔츠를 사러 왔어요.
[암 히어ㄹ 투 바이 어 셔어ㄹ트]

가게점원 What kinds of shirts do you have in mind? 어떤 셔츠를 생각하고 계세요?
[왓 카인저ㅂ 셔어ㄹ츠 두 유우 해빈 마인드?]

PATTERN 34 이 가방이 마음에 들어요.

 **I like** this bag .

쇼핑을 하다 마음에 드는 물건을 찾았을 때는 동사 like를 이용해서 I like+명사(구).라고 말해 보세요. 동사 like은 '좋아하다'란 뜻도 있지만 '(뭔가) 마음에 들다'라는 뜻도 있기 때문에 '~이 마음에 들어요'라는 의미가 됩니다.

I like this bag.

[아일라익 디쓰 백ㄱ] 　　　　　　　　　　　　　　　**이 가방**이 마음에 들어요.

I like this jacket.

[아일라익 디쓰 재킷] 　　　　　　　　　　　　　　　**이 재킷**이 마음에 들어요.

I like this design.

[아일라익 디쓰 디자인] 　　　　　　　　　　　　　　**이 디자인**이 마음에 드네요.

I like that style.

[아일라익 댓 쓰따일] 　　　　　　　　　　　　　　　**그 스타일**이 마음에 들어요.

I like that color.

[아일라익 댓 칼러ㄹ] 　　　　　　　　　　　　　　　**그 색깔** 마음에 들어요.

> **이렇게도 말해요** 이 가방이 마음에 들어요.

love는 like보다 좀 더 강한 어조의 단어로, '사랑하다'란 뜻도 있지만 '아주 맘에 들다', '아주 좋아하다'라는 뜻도 있습니다. 앞에 really(정말로)를 넣으면 뜻을 더 강조할 수 있어요. 정말 마음에 드는 물건을 만났다면 '이게 바로 제가 찾던 거예요.'라고 말해도 좋습니다.

왕초보씨 **I love this bag.** 이 가방이 마음에 들어요.
[아일러ㅂ 디ㅆ 백ㄱ]

가게점원 **Oh, really? I'm glad to hear that.** 오, 정말요? 다행이네요.
[오, (우)리이얼리? 암 글래 투 히어ㄹ 댓]

왕초보씨 **I really love this bag.** 이 가방이 정말 마음에 드네요.
[아이 (우)리이얼리 러ㅂ 디ㅆ 백ㄱ]

가게점원 **I'm glad you like it.** 마음에 든다니 다행이에요.
[암 글래쥬우 (을)라이킷]

왕초보씨 **This is exactly what I'm looking for.** 이게 바로 제가 찾던 거예요.
[디씨ㅈ 이ㄱ잭틀리 와ㅁ (을)룩킹 훠ㄹ]

가게점원 **Really? I hope you enjoy it.** 정말요? 좋아하시면 좋겠네요.
[(우)리이얼리? 아이 호우퓨우 인죠이 잇]

PATTERN 35 가격 좀 깎아 주시겠어요?

 **Could you give me a discount?**

쇼핑할 때 가격을 깎아 달라거나 영수증을 달라고 점원에게 부탁할 일이 종종 있습니다. 이때는 정중하게 부탁할 때 쓰는 Could you+동사? 패턴과 동사 give(주다)를 활용해서 Could you give me+명사(구)?라고 물어 보세요. '~ 좀 주시겠어요?'라는 뜻이에요.

Could you give me **a discount**?
[쿠쥬우 기ㅂ 미 어 디쓰카운ㅌ?]   가격 좀 **깎아** 주시겠어요?

Could you give me **that one**?
[쿠쥬우 기ㅂ 미 댓 원?]   **저것** 좀 주시겠어요?

Could you give me **the bill, please**?
[쿠쥬우 기ㅂ 미 더 비일, 플리즈?]   **계산서** 좀 주시겠어요?

Could you give me **the receipt, please**?
[쿠쥬우 기ㅂ 미 더 (우)리씨잇ㅌ, 플리즈?]   **영수증** 좀 주시겠어요?

Could you give me **a hand**?
[쿠쥬우 기ㅂ 미 어 핸ㄷ?]   절 좀 **도와**주시겠어요?

이렇게도 말해요 가격 좀 깎아 주시겠어요?

상대방에게 부탁할 때는 Could[Can] you+동사?를 쓸 수 있는데, '할인을 해 주다'는 give a discount 또는 come down이라고 합니다. 또는, Can I+동사?(~할 수 있어요?)로 할인을 받을 수 있는지 물어 봐도 되는데, 이때는 get a discount(할인을 받다)란 표현을 쓰면 돼요.

왕초보씨 **Can I get a discount, please?**   할인 좀 받을 수 있을까요?
[캐나이 게러 디쓰카운ㅌ, 플리즈?]

가게점원 **Okay.**   알겠습니다.
[오우케이]

왕초보씨 **Can you give me a discount?**   가격 좀 깎아 주실래요?
[캔뉴우 기ㅂ 미 어 디쓰카운ㅌ?]

가게점원 **Sure.**   물론이죠.
[셔ㄹ]

왕초보씨 **Could you come down a little?**   가격 좀 깎아 주시겠어요?
[쿠쥬우 컴 다우너 (을)리를?]

가게점원 **Well, let me ask my boss first.**   글쎄요, 우선 사장님께 여쭤 볼게요.
[웰, (을)렛 미 애쓰ㅋ 마이 버어쓰 훠어ㄹ쓰ㅌ]

PATTERN 36 이 넥타이를 교환하고 싶어요.

 **I would like to exchange** this tie .

구입한 물건을 다른 것으로 바꾸고 싶을 때는 '교환하다'라는 뜻의 동사 exchange를 활용해요. I would like to exchange+명사(구).라고 하면 '~을 교환하고 싶어요'란 의미입니다. I would like to+동사.는 '~하고 싶어요'란 뜻인데, 줄여서 I'd like to+동사.라고 많이 쓰죠.

I would like to exchange **this tie**.
[아이 우들라익 투 익쓰체인쥐 디ㅆ 타이] **이 넥타이**를 교환하고 싶어요.

I would like to exchange **this dress**.
[아이 우들라익 투 익쓰체인쥐 디ㅆ 쥬레쓰] **이 원피스**를 교환하고 싶어요.

I would like to exchange **these shoes**.
[아이 우들라익 투 익쓰체인쥐 디이ㅈ 슈우즈] **이 신발** 교환하고 싶어요.

I would like to exchange **it for a larger size**.
[아이 우들라익 투 익쓰체인쥣 훠러 (을)라아ㄹ줘ㄹ 싸이ㅈ] **좀 더 큰 사이즈로** 바꾸고 싶어요.

I would like to exchange **it for another one**.
[아이 우들라익 투 익쓰체인쥣 훠러나더ㄹ 원] **다른 걸로** 교환하고 싶어요.

> **이렇게도 말해요**
>
> # 이 넥타이를 교환하고 싶어요.

'~하고 싶다'라고 할 때는 would like to와 같은 뜻의 want to를 쓸 수도 있습니다. 문장 뒤에 for another one(다른 것으로)을 붙이면 교환하고 싶다는 뜻이 더욱 명확해지죠. 혹은 Do you mind if I+동사?(~해도 괜찮아요?)를 써서 교환해도 괜찮냐고 물어 봐도 됩니다.

왕초보씨 **I want to exchange this tie.** 　　　이 넥타이를 교환하고 싶어요.
[아이 원 투 익쓰체인쥐 디ㅆ 타이]

가게점원 **Your receipt, please.** 　　　영수증 주세요.
[유어ㄹ (우)리씨잇ㅌ, 플리즈]

왕초보씨 **I would like to exchange this tie for another one.** 　　　이 넥타이를 다른 걸로 교환하고 싶어요.
[아이 우들라익 투 익쓰체인쥐 디ㅆ 타이 훠러나더ㄹ 원]

가게점원 **May I see your receipt, please?** 　　　영수증 좀 보여주시겠어요?
[메이 아이 씨이 유어ㄹ (우)리씨잇ㅌ, 플리즈?]

왕초보씨 **Do you mind if I exchange this tie for another one?** 　　　이 넥타이를 다른 걸로 교환해도 될까요?
[두 유우 마인디화이 익쓰체인쥐 디ㅆ 타이 훠러나더ㄹ 원?]

가게점원 **No, not at all. Can I have your receipt, please?** 　　　상관없어요. 영수증 주시겠어요?
[노우, 나래럴. 캐나이 해ㅂ 유어ㄹ (우)리씨잇ㅌ, 플리즈?]

쇼핑할 때 꼭 쓰는 표현

쇼핑할 곳 찾기

근처에 할인점 있나요? **Is there a discount shop nearby?**
[이ㅈ 데어러 디쓰카운ㅌ 샵 니어ㄹ바이?]

- **discount shop** [디쓰카운ㅌ 샵] 할인점
- **department store** [디파아ㄹ트먼ㅌ 스또(어)] 백화점
- **shopping mall** [샤핑 머얼] 쇼핑몰
- **shoe store** [슈우 쓰또(어)] 신발가게
- **clothing store** [클로우딩 쓰또오ㄹ] 옷가게
- **supermarket** [쑤퍼ㄹ마킷] 슈퍼마켓
- **bookstore** [북쓰또오ㄹ] 서점

백화점을 찾고 있어요. **I'm looking for a department store.**
[암 (을)룩킹 훠러 디파아ㄹ트먼ㅌ 스또(어)]

가게 구경하기

좀 둘러봐도 돼요? **Can I look around?**
[캐나이 (을)룩커라운ㄷ?]

그냥 둘러보는 거예요. **I'm just looking around.**
[암 저쓰 (을)룩킹 어라운ㄷ]

그냥 보는 거예요. **I'm just looking.**
[암 저쓰 (을)룩킹]

그냥 이것저것 구경하는 거예요. **I'm just browsing.**
[암 저쓰 브라우징]

그냥 여기저기 둘러보는 거예요. **I'm just shopping around.**
[암 저쓰 샤핑 어라운ㄷ]

물건 찾기

무엇을 도와드릴까요?
How may I help you?
[하우 메이 아이 헬퓨우?]

선글라스를 찾고 있어요.
I'm looking for sunglasses.
[암 (을)룩킹 훠ㄹ 썬글래씨ㅈ]

> sunglasses [썬글래씨ㅈ] 선글라스
> jeans [쥐인ㅈ] 청바지
> gloves [글러브ㅈ] 장갑
> shoes [슈우ㅈ] 신발
> a ring [어 (우)링] 반지
> a dress [어 쥬레ㅆ] 원피스, 드레스
> a perfume [어 퍼어ㄹ휴움] 향수
> a sweater [어 쓰웨러ㄹ] 스웨터

부모님께 선물할 물건을 찾고 있어요.
I'm looking for something for my parents.
[암 (을)룩킹 훠ㄹ 썸띵 훠ㄹ 마이 패뤈츠]

여기에는 어떤 종류의 셔츠가 있나요?
What kinds of shirts do you have here?
[왓 카인저ㅂ 셔어ㄹ츠 두 유우 해ㅂ 히어ㄹ?]

이거 다른 색깔 있어요?
Does this come in another color?
[더즈 디ㅆ 커미너나더ㄹ 칼러ㄹ?]

이거 빨간색으로 있나요?
Do you have this in red?
[두 유우 해ㅂ 디씬 (우)레ㄷ?]

> red [(우)레ㄷ] 빨간색
> black [블랙] 검은색
> white [와잇ㅌ] 흰색
> beige [베이쥐] 베이지색
> green [그리인] 초록색
> yellow [옐로우] 노란색
> gray [그레이] 회색
> pink [핑ㅋ] 분홍색

▶ 쇼핑하다가 다른 색깔도 있는지 궁금할 때는 Do you have this in+색깔? 로 '이거 ~색 있어요?'라고 물어 볼 수 있습니다.

사이즈 고르기

어떤 사이즈가 필요하세요?
What size do you need?
[왓 싸이즈 두 유우 니이드?]

어떤 사이즈를 찾으시죠?
What size are you looking for?
[왓 싸이즈 아ㄹ 유우 (을)룩킹 훠ㄹ?]

이거 큰 사이즈 있나요?
Do you have this in Large?
[두 유우 해ㅂ 디씬 (을)라아ㄹ쥐?]

> **Large** [(을)라아ㄹ쥐] 큰
> **Small** [쓰머얼] 작은
> **Medium** [미이디엄] 중간의
> **Extra Large** [엑쓰츄러 (을)라아ㄹ쥐] 특대의

▶ 옷 태그에는 각 사이즈의 앞 글자를 따서 L, S, M, XL처럼 표기합니다.

좀 더 작은 사이즈가 필요해요.
I need a smaller size.
[아이 니이러 쓰머얼러 싸이즈]

좀 더 큰 사이즈가 필요해요.
I need a larger size.
[아이 니이러 (을)라아ㄹ줘 싸이즈]

이거 저한테 너무 꽉 껴요.
This is too tight on me.
[디씨즈 투우 타이런 미]

> **tight** [타잇ㅌ] 꽉 끼는
> **loose** [(을)루우씨] 헐렁한
> **small** [쓰머얼] 작은
> **big** [빅] 큰

옷 입어 보기

이거 입어 봐도 돼요?
May I try this on?
[메이 아이 츄라이 디쓴?]

▶ try on은 '입어 보다', '신어 보다'란 뜻이에요. 신발을 신어 봐도 되냐고 할 때, 신발(shoes)은 복수이므로 May I try these on?이라고 물어 봅니다.

이거 어디서 입어 볼 수 있어요?	**Where can I try this on?** [웨어ㄹ 캐나이 츄라이 디썬?]
탈의실은 어디 있어요?	**Where is the fitting room?** [웨어리즈 더 휘링 (우)루움?]
거울은 어디 있어요?	**Where is the mirror?** [웨어리즈 더 미뤄?]

물건 구입하기

이거 얼마예요?	**How much is this?** [하우 머취즈 디ㅆ?]
이거 가격이 얼마예요?	**How much does this cost?** [하우 머취 더즈 디ㅆ 커어쓰ㅌ?]
전부 얼마예요?	**How much is it all together?** [하우 머취짓 어얼 투게더ㄹ?]
표시된 가격대로 받나요?	**Is the price as marked?** [이ㅈ 더 프라이ㅆ 애즈 마아ㄹ트?]
너무 비싸요.	**It's too expensive.** [잇ㅆ 투우 익쓰펜씨ㅂ]
세일 중 아닌가요?	**Isn't it on sale?** [이즈니런 쎄일?]
하나 사시면, 하나를 무료로 드려요.	**If you buy one, you'll get one free.** [이ㅍ휴우 바이 원, 유울 겟 원 후리이]
이걸로 살게요.	**I'll take this one.** [아일 테잇 디ㅆ 원]
이 가방 사고 싶어요.	**I want to buy this bag.** [아이 원 투 바이 디ㅆ 백ㄱ]
할부로 계산하시겠어요?	**Would you like to pay in installments?** [우쥬울라익 투 페이 인 인쓰떠얼먼츠?]

3개월 할부로 해 주세요.	**I'd like to pay in installments over three months.** [아이드 (을)라익 투 페이 인 인쓰떠얼먼츠 오버ㄹ 뜨리이 먼ㅆ]
이거 선물용으로 포장해 주실 수 있어요?	**Can I get this gift-wrapped?** [캐나이 겟 디ㅆ 깊ㅌ 렙트?]
선물용으로 포장해 주세요.	**I would like it gift-wrapped.** [아이 우들라이킷 깊ㅌ 랩트]
비닐봉투 주세요.	**I'd like a plastic bag, please.** [아이드 (을)라이커 플래쓰틱 백ㄱ, 플리즈]

교환 및 환불하기

환불받을 수 있나요?	**Can I get a refund, please?** [캐나이 게러 (우)리훤드, 플리즈?]
이 모자 환불받고 싶어요.	**I'd like to get a refund on this hat.** [아이드 (을)라익 투 게러 (우)리훤던 디ㅆ 햇]
다른 색으로 교환하고 싶어요.	**I want to exchange it for another color.** [아이 원 투 익쓰체인췻 훠러나더ㄹ 칼러ㄹ]
이걸 좀 더 작은 것으로 교환하고 싶어요.	**I want to exchange this for a smaller one.** [아이 원 투 익쓰체인쥐 디ㅆ 훠러 쓰머얼러 원]

쇼핑할 때 꼭 쓰는 단어

business hours 영업 시간
[비즈니쓰 아우어ㄹ즈]

shopping mall 쇼핑몰
[샤핑 머얼]

gift shop 선물가게
[깊ㅌ 샵]

department store 백화점
[디파아ㄹ트먼ㅌ 스또(어)]

outlet 직판점, 아웃렛
[아웃렛]

supermarket 슈퍼마켓
[쑤퍼ㄹ마킷]

shopping cart 쇼핑 카트
[샤핑 카아ㄹ트]

shopping list 쇼핑 목록
[샤핑 (을)리쓰ㅌ]

go shopping 쇼핑하다
[고우 샤핑]

look for ~을 찾다
[(을)룩ㅋ 훠]

look around 둘러보다
[(을)루커라운ㄷ]

buy 구입하다, 사다
[바이]

pay in cash 현금으로 계산하다
[페인 인 캐쉬]

pay by credit card 신용카드로 계산하다
[페이 바이 크레딧 카아ㄹ드]

wrap 포장하다
[(우)랩ㅍ]

cashier 계산원
[캐쉬어ㄹ]

sample 샘플
[쌤플]

color 색깔
[칼러ㄹ]

fixed price 정찰 가격
[휙쓰ㅌ 프라이쓰]

installment 할부
[인쓰떠얼먼ㅌ]

payment 지불
[페이먼ㅌ]

refund 환불, 환불하다
[(우)리훤ㄷ]

exchange 교환, 교환하다
[익쓰체인쥐]

receipt 영수증
[(우)리씨잇ㅌ]

warranty 보증서
[워어런티]

discount 할인
[디쓰카운ㅌ]

on sale 세일 중인
[언 쎄일]

tax 세금
[택쓰]

deal 거래
[디일]

expensive 비싼
[익쓰펜씨ㅂ]

REAL Travel Scene

UNIT 10

친구 사귀기
MAKING FRIENDS

돈워리패턴 37 어디에서 왔어요?
돈워리패턴 38 다시 만나서 기뻐요.
돈워리패턴 39 런던에는 처음 오셨어요?
돈워리패턴 40 오늘 밤 계획이 뭐예요?

PATTERN 37 어디에서 왔어요?

 **Where do you come from ?**

여행을 하다 보면 다른 나라에서 온 여행객이나 현지인과 얘기를 나눌 기회가 종종 생깁니다. 이럴 때 '어디에서 왔어요?'라고 많이 묻고 답하게 되죠. 이런 상황에서 자주 쓰는 패턴이 Where do you+동사?입니다. '어디에서 ~해요?'라는 뜻이에요.

Where do you **come from**?
[웨어ㄹ 두 유우 컴 후럼?]   어디에서 **왔어요**?

Where do you **live now**?
[웨어ㄹ 두 유우 (을)리ㅂ 나우?]   지금 어디에서 **살아요**?

Where do you **work**?
[웨어ㄹ 두 유우 워ㄹ크?]   어디에서 **일하세요**?

Where do you **usually eat out**?
[웨어ㄹ 두 유우 유우주얼리 이라웃?]   주로 어디에서 **외식해요**?

Where do you **go to have lunch**?
[웨어ㄹ 두 유우 고우 투 해ㅂ (을)런취?]   점심 먹으러 어디로 **가나요**?

 **어디에서 왔어요?**

상대방이 어디에서 왔는지 출신이나 국적을 물어 볼 때는 Where are you from?도 많이 씁니다. 문장 앞에 May I ask ~?(~인지 물어 봐도 될까요?)나 Can you tell me ~?(~인지 말해 줄래요?)를 넣어서 말하면 좀 더 정중한 표현이 되죠.

외국인 **Where are you from?** 어디에서 왔어요?
[웨어ㄹ 아ㄹ 유우 후럼?]

왕초보씨 **South Korea.** 한국이요.
[싸우ㅆ 코뤼아]

외국인 **May I ask where you are from?** 어디서 오셨는지 물어 봐도 될까요?
[메이 아이 애쓰ㅋ 웨어ㄹ 유우 아ㄹ 후럼?]

왕초보씨 **Sure, I'm from South Korea.** 물론이죠, 한국에서 왔어요.
[셔ㄹ, 암 후럼 싸우ㅆ 코뤼아]

외국인 **Can you tell me where you're from?** 어디서 왔는지 얘기해 줄래요?
[캔뉴우 테엘 미 웨어ㄹ 유어ㄹ 후럼?]

왕초보씨 **I'm from Korea. I mean, I'm Korean.** 한국에서 왔어요. 전 한국사람이에요.
[아임 후럼 코뤼아, 아이 미인, 암 코뤼언]

PATTERN 38 다시 만나서 기뻐요.

 I'm glad to see you again .

다양한 사람들을 만나 사귀는 것도 여행의 큰 즐거움이에요. 친구를 사귈 때는 '~해서 기뻐요'라는 뜻의 I'm glad to+동사.를 활용해서 친근감을 표현할 수 있습니다. glad는 '기쁜'이란 뜻이고, to 뒤에서 왜 기쁜지 이유를 설명하면 되지요.

I'm glad to see you again.
[암 글래 투 씨이 유우 어겐]

다시 만나서 기뻐요.

I'm glad to meet you.
[암 글래 투 미이츄우]

만나서 반가워요.

I'm glad to travel with you.
[암 글래 투 츄래블 위드 유우]

당신과 함께 여행하게 돼서 기뻐요.

I'm glad to be with you.
[암 글래 투 비 위드 유우]

당신과 함께 해서 기뻐요.

I'm glad to hear that.
[암 글래 투 히어ㄹ 댓]

그렇다니 기쁘군요.

> **이렇게도 말해요** 다시 만나서 기뻐요.

여행 중에 만났던 사람과 다시 마주쳤을 때는 동사 meet 대신 see를 써서 표현합니다. I'm glad to see you again.에서 glad 대신 happy(행복한)나 pleased(기쁜)를 넣어도 되고, 주어를 생략하고 (It's) Good[Nice] to see you again.이라고 해도 됩니다.

왕초보씨 **Good to see you again.** 다시 만나서 기뻐요.
[굿 투 씨이 유우 어겐]

외국인 **You, too.** 저도요.
[유우, 투우]

왕초보씨 **Nice to see you again.** 다시 만나서 반가워요.
[나이ㅆ 투 씨이 유우 어겐]

외국인 **Same here.** 저도 마찬가지예요.
[쎄임 히어ㄹ]

왕초보씨 **I'm happy to see you again.** 다시 만나서 기뻐요.
[암 해삐 투 씨이 유우 어겐]

외국인 **I'm happy to see you again, too.** 저도 다시 만나서 기뻐요.
[암 해삐 투 씨이 유우 어겐, 투우]

PATTERN 39 런던에는 처음 오셨어요?

 **Is this your first trip to London ?**

어떤 나라나 도시에 처음 왔냐고 여행 경험을 물어 볼 때는 Is this your first trip to+장소명사? 라고 합니다. first trip이 '첫 여행'이란 뜻이니까 '~에는 처음 오셨어요?'라는 의미가 되지요. to 뒤에는 나라나 도시 이름이 옵니다.

Is this your first trip to London?
[이ㅈ 디ㅆ 유어ㄹ 훠어ㄹ쓰 츄립 투 (을)런든?]   **런던**에는 처음 오셨어요?

Is this your first trip to New York?
[이ㅈ 디ㅆ 유어ㄹ 훠어ㄹ쓰 츄립 투 뉴우 요오ㄹ크?]   **뉴욕**에는 처음 오셨어요?

Is this your first trip to Canada?
[이ㅈ 디ㅆ 유어ㄹ 훠어ㄹ쓰 츄립 투 캐너더?]   **캐나다**에는 처음 오셨어요?

Is this your first trip to Hong Kong?
[이ㅈ 디ㅆ 유어ㄹ 훠어ㄹ쓰 츄립 투 항컹?]   **홍콩**에는 처음 오셨어요?

Is this your first trip to Japan?
[이ㅈ 디ㅆ 유어ㄹ 훠어ㄹ쓰 츄립 투 줴팬?]   **일본**에는 처음 오셨어요?

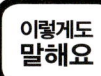 런던에는 처음 오셨어요?

Is this your first trip to London?에서 Is this를 생략하고 말해도 괜찮아요. 혹은 trip(여행) 대신 visit(방문)이란 단어를 써도 같은 뜻이 됩니다. 경험을 묻는 Have you ever been to+장소 명사?(~에 가본 적 있어요?)를 활용해서 물어 봐도 좋아요.

왕초보씨 **Your first trip to London?** 런던 처음이에요?
[유어ㄹ 훠어ㄹ쓰 츄립 투 (을)런든?]

외국인 **Sure is.** 그렇습니다.
[셔리ㅈ]

왕초보씨 **Is this your first visit to London?** 런던에는 이번이 첫 방문인가요?
[이ㅈ 디ㅆ 유어ㄹ 훠어ㄹ쓰 비짓 투 (을)런든?]

외국인 **No, it isn't. This is my second time.** 아니요. 이번이 두 번째예요.
[노우, 이리즌ㅌ. 디씨즈 마이 쎄컨 타임]

왕초보씨 **Have you ever been to London before?** 전에 런던에 가 본 적 있어요?
[해뷰우 에버ㄹ 빈 투 (을)런든 비훠어ㄹ?]

외국인 **Yes, I have been there with my family.** 네, 가족과 그곳에 가 봤어요.
[예ㅆ, 아이 해ㅂ 빈 데어ㄹ 위ㄷ 마이 훼밀리]

PATTERN 40 오늘 밤 계획이 뭐예요?

 **What are your plans for tonight ?**

plan은 동사로는 '계획하다'란 뜻이지만 명사로는 '계획'이란 뜻입니다. What are your plans for+명사(구)?는 '당신의 ~ 계획은 뭐예요?'라는 의미예요. 상대방이 생각해 둔 계획이 뭔지 궁금할 때는 이 패턴을 써서 물어 보세요.

What are your plans for tonight?
[와라 유어ㄹ 플랜ㅈ 훠ㄹ 투나잇?]   오늘 밤 계획이 뭐예요?

What are your plans for tomorrow morning?
[와라 유어ㄹ 플랜ㅈ 훠ㄹ 투마로우 모오닝?]   내일 아침 계획은 뭐예요?

What are your plans for summer vacation?
[와라 유어ㄹ 플랜ㅈ 훠ㄹ 써머ㄹ 베이케이션?]   여름휴가 계획은 뭐예요?

What are your plans for the summer?
[와라 유어ㄹ 플랜ㅈ 훠ㄹ 더 써머ㄹ?]   이번 여름 계획은 뭐예요?

What are your plans for the holidays?
[와라 유어ㄹ 플랜ㅈ 훠ㄹ 더 할리데이ㅈ?]   휴일 계획은 뭐예요?

이렇게도 말해요 — 오늘 밤 계획이 뭐예요?

어떤 계획이 있는지 물어 볼 때는 Do you have any plans for+명사(구)?라고 할 수도 있는데, 이때 앞에 있는 Do you have는 생략할 수 있어요. 또, plan은 '계획하다'란 뜻의 동사도 되므로 What are you planning to do?로 무엇을 할 계획이냐고 물어도 됩니다.

왕초보씨 **Any plans for tonight?**
[애니 플랜ㅈ 훠ㄹ 투나잇?]

오늘 밤에 무슨 계획이라도 있어요?

외국인 **I'm going to watch a movie.**
[암 고잉 투 와취 어 무비]

영화 볼 거예요.

왕초보씨 **Do you have any plans for tonight?**
[두 유우 해배니 플랜ㅈ 훠ㄹ 투나잇?]

오늘 밤에 어떤 계획이라도 있어요?

외국인 **No, not yet.**
[노우, 낫 옛ㅌ]

아니요, 아직까지는 없어요.

왕초보씨 **What are you planning to do tonight?**
[와라 유우 플래닝 투 두 투나잇?]

오늘 밤 뭐 할 계획이에요?

외국인 **I'm planning to go to the movies.**
[암 플래닝 투 고우 투 더 무비ㅈ]

영화 보러 갈 계획이에요.

친구 사귈 때 꼭 쓰는 표현

현지인에게 말 걸기

영어 할 줄 알아요?
Do you speak English?
[두 유우 스삐ㅋ 잉글리쉬?]

조금 합니다.
Just a little bit.
[저쓰터 리를 빗ㅌ]

영어를 잘 못해요.
I'm not good at English.
[암 낫 그댓 잉글리쉬]

죄송한데, 무슨 말 하시는지 모르겠어요.
I'm sorry, but I can't understand what you're saying.
[암 써어리, 벗 아이 캔ㅌ 언더ㄹ쓰땐ㄷ 왓 유어ㄹ 쎄잉]

천천히 말해 주세요.
Speak slowly, please.
[스삐ㅋ 쓸로울리, 플리즈]

다시 한 번 말씀해 주시겠어요?
Would you mind saying that again?
[우쥬우 마인ㄷ 쎄잉 대러겐?]

▶ 상대방의 말을 잘 못 알아들어서 '뭐라고요?'라고 되물을 때는 Excuse me?/I'm sorry?/Pardon me? 같은 표현을 많이 씁니다.

인사하기

혼자 여행 오셨어요?
Are you traveling alone?
[아ㄹ 유우 츄래블링 얼로운?]

이름을 물어 봐도 될까요?
Can I ask your name?
[캐나이 애쓰큐어ㄹ 네임?]

샘 박이에요.
I'm Sam Park.
[암 쌤 파아ㄹ크]

전 여행객이에요.	I'm a tourist. [아머 투어리쓰ㅌ]
만나서 반가워요.	Nice to meet you. [나잇쓰 투 미이츄]
만나서 반가웠어요.	Nice meeting you. [나잇쓰 미링 유우]
즐거운 여행 되세요.	Have a good trip. [해버 굿 츄립]
이메일 주소가 뭐예요?	What is your e-mail address? [와리즈 유어ㄹ 이메일 애즈레쓰?]

한국에 대해 말하기

혹시 한국에 가 본 적이 있어요?	Have you ever been to Korea? [해뷰우 에버ㄹ 빈 투 코뤼아?]
서울을 방문해 보면 어때요?	Why don't you visit Seoul? [와이 도운츄우 비짓 써울?]
한국 방문하는 거 어떻게 생각해요?	What do you think of visiting Korea? [왓 두 유우 띵커ㅂ 비지링 코뤼아?]

여행 경험 말하기

이곳에 온 게 처음이에요.	It's my first time here. [잇ㅆ 마이 훠어ㄹ쓰 타임 히어ㄹ]
LA에는 이번이 처음이에요.	This is my first trip to LA. [디씨즈 마이 훠어ㄹ쓰 츄립 투 엘레이]

▶ LA는 미국 서부에 있는 도시로, Los Angeles[로스 앤절러스]의 약자입니다.

이번이 뉴욕에는 두 번째 방문이에요.	This is my second visit to New York. [디씨즈 마이 쎄컨 비짓 투 뉴우 요오ㄹ크]

전에 캐나다에 가 본 적이 없어요. I've never been to Canada before.
[아이ㅂ 네버ㄹ 빈 투 캐너더 비훠어ㄹ]

여행 계획 말하기

전 세계를 여행하고 싶어요. I'd like to travel around the world.
[아이ㄷ (을)라익 투 츄래블 어라운 더 워어ㄹ드]

해외여행하고 싶어요. I want to travel overseas.
[아이 원 투 츄래블 오우버ㄹ씨이즈]

혼자 휴가를 보내고 싶어요. I want to spend my vacation alone.
[아이 원 투 쓰뻰 마이 베이케이션 얼로운]

어떤 도시를 방문하고 싶어요? Which city do you want to visit?
[위치 씨디 두 유우 원 투 비짓?]

city [씨디] 도시
country [컨츄리] 나라
island [아일런ㄷ] 섬
place [플래이쓰] 장소
continent [칸터넌트] 대륙
museum [뮤(우)지이엄] 박물관

어느 도시를 염두에 두고 있어요? Which city do you have in mind?
[위치 씨디 두 유우 해빈 마인ㄷ?]

가족과 함께 뉴욕에 갈 거예요. I'm going to New York with my family.
[암 고잉 투 뉴우 요오ㄹ크 위ㄷ 마이 훼밀리]

홍콩을 방문할 계획이에요. I'm planning to visit Hong Kong.
[암 플래닝 투 비짓 항컹]

친구 사귈 때 꼭 쓰는 단어

name 이름
[네임]

first name 이름
[훠어ㄹ쓰 네임]

last name 성
[(을)래쓰 네임]

address 주소
[애즈레쓰]

email address 이메일 주소
[이메일 애즈레쓰]

phone number 전화번호
[호운 넘버ㄹ]

job 직업
[좌압]

nationality 국적
[내셔낼러티]

hobby 취미
[하비]

travel 여행, 여행하다
[츄래블]

trip (짧은) 여행
[츄립]

journey 여행, 여정
[줘어ㄹ니]

vacation 휴가
[베이케이션]

summer vacation 여름휴가
[써머ㄹ 베이케이션]

holiday 휴일, 휴가
[할러데이]

meet 만나다
[미잇]

visit 방문하다
[비짓]

stay 머무르다
[쓰떼이]

live 살다
[(을)리브]

invite 초대하다
[인봐잇ㅌ]

schedule 일정
[쓰께주울]

plan 계획, 계획하다
[플랜]

travel overseas 해외여행하다
[츄래블 오우버ㄹ씨이즈]

travel alone 혼자 여행하다
[츄래블 얼로운]

foreigner 외국인
[훠어리너ㄹ]

friend 친구
[후렌드]

family 가족
[훼밀리]

tourist 관광객
[투어리쓰ㅌ]

친구 사귀기 **175**

REAL Travel Scene

TRAVEL ENGLISH ✈
PHOTO DICTIONARY

여행영어 포토 사전

공항
AIRPORT

passport
여권

해외여행을 할 때 꼭 필요한 것이 바로 passport[패쓰포르트] 입니다. 여권에는 Passport No^{여권번호}, Issuing country^{발행국}, Surname^성, Given names^{이름}, Nationality^{국적}, Date of birth^{생년월일}, Type^{종류}, Personal No^{주민등록번호}, Sex^{성별}, Date of issue^{발급일}, Date of expiry^{기간만료일} 등이 적혀 있습니다. 여권을 발급 받자마자 Signature of bearer^{소지인의 서명} 란에 서명해 두세요.

departures / arrivals
출발 / 도착

공항에 가면 Departures[디파르춰르씨], Arrivals[어라이벌씨] 와 같은 글자를 볼 수 있습니다. 해외로 출국할 때는 Departures를 따라가면 되고, 입국할 때는 Arrivals를 따라가면 되지요. 특히 해외에서 한국으로 돌아올 때는 어디서 탑승수속을 해야 하는지 신경 써야 하는데, 이럴 때는 Departures를 따라가세요.

international / domestic
국제선의 / 국내선의

규모가 큰 공항에서는 국내선과 국제선의 터미널이 서로 분리되어 있지만, 작은 공항에서는 한 터미널 안에 국내선과 국제선이 함께 있는 경우도 많아요. International Departures는 '국제선 출발'이란 뜻이고 Domestic Departures는 '국내선 출발'이란 뜻입니다.

check-in counter
탑승수속 카운터

비행기를 타기 전에 가장 먼저 들러야 하는 곳이 공항에 있는 check-in counter^{탑승수속 카운터}입니다. 공항 입구의 airline directory^{항공사 안내판}에서 Time^{시간}, Flight^{항공편명}, To ~^{으로 (목적지)}를 확인한 뒤 자신이 타고 갈 비행기의 탑승수속 카운터를 찾으면 됩니다. 카운터에 가서 여권과 프린트한 항공 예약권을 제시하면 항공사 직원이 확인한 후에 탑승권을 발급해 줍니다.

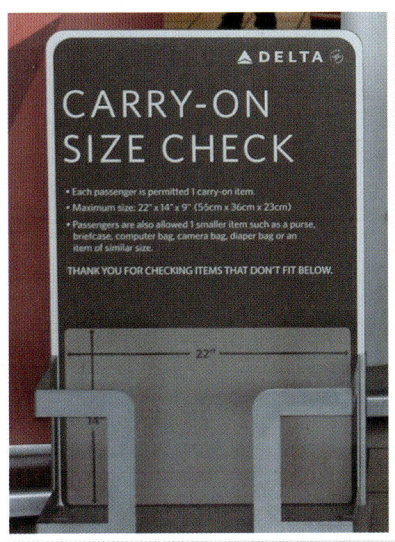

carry-on size check
기내수하물 크기 확인

기내에 들고 탈 수 있는 '기내수하물'을 carry-on baggage 라고 합니다. 항공사마다 개수와 크기가 제한되어 있기 때문에 사전에 규정을 확인해 두세요. 보통 탑승수속 카운터 앞에 수하물의 크기를 잴 수 있는 장치가 있어서 미리 크기를 체크할 수 있습니다.

🔍 들여다보기

Each passenger is permitted 1 carry-on item.
각 승객은 하나의 기내수하물만 허용됩니다.

Maximum size: 22"x14"x9" (56cm x 36cm x 23cm)
최대 크기: 22인치 x 14인치 x 9인치 (56cm x 36cm x 23cm)

Passengers are also allowed 1 smaller item such as a purse, briefcase, computer bag, camera bag, diaper bag or an item of similar size.
승객들은 지갑, 서류가방, 컴퓨터 가방, 카메라 가방, 기저귀 가방 또는 이와 비슷한 크기의 품목과 같은 더 작은 물품도 한 개 허용됩니다.

THANK YOU FOR CHECKING ITEMS THAT DON'T FIT BELOW.
아래에서 적합하지 않은 물품들을 체크해 주시면 감사하겠습니다.

baggage allowances
수하물 허용 중량

짐을 부칠 때는 checked baggage^{위탁수하물}와 carry-on baggage^{기내수하물}의 중량이 제한되어 있습니다. 항공사마다 기준이 다르고, 같은 항공사라도 승객의 등급에 따라 허용 중량이 다르므로 사전에 미리 확인해두는 것이 좋습니다. 국내항공사의 위탁수하물 허용 중량은 대략 20kg입니다.

🔍 들여다보기

SOUTHWEST BAGGAGE ALLOWANCE
사우스웨스트 항공의 수하물 허용 중량

The following rates apply per item per ticketed customer.
다음 가격은 표를 가지고 계신 승객에게 항목별로 적용됩니다.

1st BAG FREE UP TO 50 LBS
첫 번째 가방은 50파운드(약 23kg)까지 무료

2nd BAG FREE UP TO 50 LBS
두 번째 가방은 50파운드(약 23kg)까지 무료

3rd+ $75 PER PIECE
세 번째 가방부터는 하나당 75달러

moving walkway
자동 보도

큰 공항에서는 해당 항공사의 탑승구까지 이동하는 것도 꽤 긴 시간이 소요되는데요, 최신식 공항들은 컨베이어 벨트 구조의 moving walkway^{자동 보도}를 갖추고 있어서 짐이 많을 때 편하게 이용할 수 있습니다.

🔍 들여다보기

The moving walkway is temporarily out of service.
자동 보도는 운행이 잠시 중단되었습니다.

We apologize for the inconvenience.
불편을 끼쳐 드려서 죄송합니다.

duty-free shop
면세점

보안검색을 통과하면 면세점을 찾을 수 있어요. duty-free는 duty^{관세}가 free^{무료의}라는 의미니까 '면세'란 뜻이 됩니다. 최근에는 인터넷 면세점으로 물건을 구입한 후에, duty-free pick-up^{면세품 인도장}에서 구입한 물건을 받아가는 경우도 많지요.

no smoking
금연

공항은 대부분 지역이 금연입니다. 곳곳에서 금연을 나타내는 표지판을 볼 수 있는데요. 담배를 피우려면 따로 지정된 흡연 구역으로 가야 합니다.

🔍 들여다보기

NO SMOKING Within 20 Feet of an Entrance or Exit
입구 또는 출구 20피트(약 6미터) 내에서는 금연

Designated smoking areas are located outside the terminal building.
지정된 흡연 구역은 터미널 건물 밖에 위치하고 있습니다.

AIRPORT

security
보안 검색

비행기를 타기 전 꼭 거쳐야 하는 절차가 security[씨큐어러티]입니다. 9/11 테러 이후에 보안 검색이 더욱 엄격해졌기 때문에 통과하는 데 시간이 꽤 걸리지요. 보안검색대에서는 너무 당황하지 말고 보안검색 요원이 시키는 대로 따라 하면 됩니다.

들여다보기

3 Simple Steps to Security
보안 검색을 위한 간단한 3단계

Please be ready for security:
보안 검색을 받을 준비를 해주세요.

1. Show ID and boarding pass.
   신분증과 탑승권을 보여 주세요.

2. Take out liquids (in a baggie) and laptops.
   (투명 비닐봉지에 든) 액체류와 휴대용 컴퓨터를 꺼내세요.

3. Take off shoes and jackets.
   신발과 재킷을 벗으세요.

Thank you for participating in security.
보안 검색에 참여해 주셔서 고맙습니다.

Your safety is our priority.
여러분의 안전이 우리의 최우선 사항입니다.

security checkpoint
보안 검색대

보안 검색 후에는 검색대를 통과한 소지품을 다시 챙겨서 자리를 떠나야 합니다. 검색대에 두고 가는 물건이 없도록 주의하세요.

들여다보기

Did You Collect Your Belongings?
여러분의 개인 소지품을 가져가셨나요?

Please ensure that you have collected all of your belongings from the security checkpoint.
보안 검색대에 놓아둔 모든 소지품을 다시 가져가는 것을 잊지 마세요.

181

boarding pass 탑승권

탑승수속을 하고 나면 좌석 번호와 목적지 등이 기재된 boarding pass^{탑승권}를 받을 수 있습니다. 탑승권에 적혀 있는 단어들을 잘 봐뒀다가 출발시간이나 탑승구를 놓치지 않도록 주의하세요.

🔍 들여다보기

name 성함
seat 좌석
gate 탑승구
departure time 출발 시간
boarding time 탑승 시간
flight 비행편
from ~로부터 (출발지)
to ~로 (목적지)
date 날짜

boarding gate 탑승구

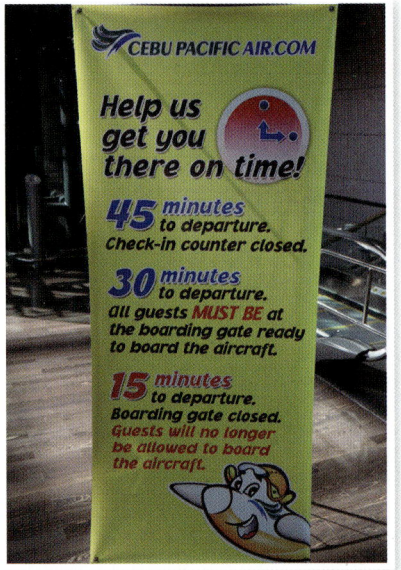

공항에는 적어도 2시간 전에는 가서 탑승수속을 밟아야 합니다. 항공사마다 조금씩 다르지만, 일반적으로는 출발시간 30분 전부터 탑승을 시작해, 15분 전에는 탑승구를 닫고 이륙할 준비를 하지요. 비행기를 놓치지 않으려면 출발시간보다 미리 탑승해야 하니까 주의하세요.

🔍 들여다보기

Help us get you there on time!
여러분을 제시간에 모셔다 드릴 수 있게 저희를 도와주세요!

45 minutes to departure, Check-in counter closed.
출발 45분 전, 탑승수속 카운터를 닫습니다.

30 minutes to departure, all guests MUST BE at the boarding gate ready to board the aircraft.
출발 30분 전, 모든 승객들은 비행기에 탑승하기 위해 준비된 탑승구에 반드시 있어야 합니다.

15 minutes to departure, Boarding gate closed. Guests will no longer be allowed to board the aircraft.
출발 15분 전, 탑승구를 닫습니다. 승객들은 더 이상 비행기에 탑승할 수 없습니다.

AIRPORT

boarding
탑승

탑승권에 적힌 탑승 시간이 되면, 직원에게 탑승권과 여권을 보여준 뒤 비행기에 올라타면 됩니다. 탑승구가 갑자기 변경되는 경우도 종종 있으므로, 전광판에서 목적지와 비행기 편명을 다시 한 번 확인하세요.

🔍 들여다보기

Las Vegas 라스베이거스
Now boarding 지금 탑승
All passengers 모든 승객들

All remaining passengers should now come forward for boarding.
나머지 승객들은 모두 탑승을 위해 지금 앞으로 나오셔야 합니다.

currency exchange
환전소

원화를 외화로 바꾸고 싶을 때 공항에 있는 currency exchange[커런씨 익스체인쥐]에 들러야 합니다. 명사 currency [커런씨]는 '통화', '화폐'라는 뜻이고 exchange[익스체인쥐]는 '교환', '거래소'란 뜻이지요. 그래서 다른 종류의 화폐로 바꿀 수 있는 환전소가 바로 currency exchange입니다.

currency exchange rates
환율

환전소에 가면 환율 안내문을 볼 수 있어요. BUY^{사다}는 구입시 금액이고, SELL^{팔다}은 팔 때 금액입니다. 여유가 있으면 공항보다는 집 근처 주거래 은행에서 미리 환전하는 게 service fee^{수수료}를 조금이라도 아낄 수 있는 방법이에요.

arrival / transfer
도착 / 환승

비행기에서 내리면 arrival^{도착}과 transfer^{환승} 표지판을 찾을 수 있습니다. 최종 목적지에 도착했다면 arrival 표지판이 가리키는 방향으로 가면 되지만, 비행기를 다른 것으로 갈아탈 때는 transfer라고 쓴 표지판을 따라가세요.

customs
세관

customs[커스텀쓰]는 '세관'이란 뜻으로, 공항에서 물건에 관세를 부과하는 곳을 말합니다. 세관 신고서는 customs declaration card 또는 customs declaration form이라고 하는데, 기내에서 승무원이 승객에게 나누어 줍니다. 외국에서 한국으로 돌아올 때는 미화 600달러 이상 구매 시 세관에 신고를 해야 되지요.

immigration
입국 심사

해외여행 할 때 반드시 거쳐야 할 것이 immigration^{입국 심사}입니다. 비행기에서 내려서 입국심사대로 가면 입국심사관이 방문 목적과 체류 기간을 물어보고 여권에 도장을 찍어 주지요. 나라에 따라서는 지문 등록을 요구하는 곳도 있습니다.

🔍 들여다보기

ALL ARRIVAL PASSENGERS PROCEED TO IMMIGRATION LOCATED ACROSS GATE 9.
모든 도착 승객들은 9번 게이트 맞은편에 위치한 입국 심사장으로 가세요.

AIRPORT

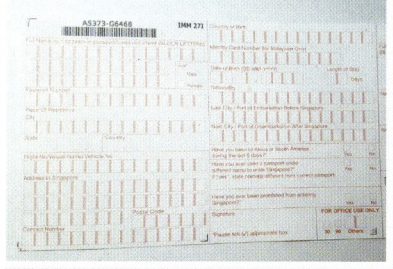

immigration card
입국 신고서

입국심사대에서 여권과 함께 제출하는 것 중 하나가 immigration card^{입국 신고서}입니다. 미국은 ESTA^{무비자관광}로 인해 입국신고서가 없어졌지만, 많은 나라에서는 여전히 제출해야 하죠. 여권을 참조해 영어 대문자로 표기하면 됩니다. Sex^{성별}는 MALE^{남자} 혹은 FEMALE^{여자}로 표기하는데, 줄여서 M이나 F라고 해도 됩니다. Date of birth^{생년월일}는 Day^일, Month^월, Year^{연도}를 차례대로 표기하지요. Country of birth^{출생 국가}와 nationality^{국적}, Place of issue^{여권 발행국}, Citizenship^{시민권}은 KOREA^{한국}라고 적으면 됩니다. Contact address^{연락 가능한 주소}에는 현지에서 묵을 호텔 이름을 적고, Length of stay^{체류 기간}는 14 DAYS^{14일}처럼 구체적으로 표기합니다. Port of last departure^{출발지}는 인천국제공항에서 출발했다면, INCHOEN이라고 적어 내면 됩니다.

🔍 들여다보기

Family name / Surname / Last name 성
First name / Given names 이름
Sex 성별
Date of birth 생년월일
Country of birth 출생 국가
Nationality 국적
Citizenship 시민권, 국적
Occupation 직업
Passport number 여권번호
Place of issue 여권 발행 국가
Length of stay 체류 기간
Port of last departure 출발지
Arrival Flight 비행기 편명
Signature 서명
Contact address 연락 가능한 주소

carrousel
수하물 컨베이어

공항에서 짐을 찾는 회전식 원형 컨베이어를 carrousel[캐러셀]이라고 합니다. conveyor belt^{컨베이어 벨트}라고도 하죠. 여행용 가방은 서로 비슷해서 본인 가방을 찾을 때 헷갈릴 수 있으므로, 짐을 부칠 때 자신만 알 수 있는 표시를 해 두는 것도 좋은 방법이에요.

🔍 들여다보기

Caution 주의사항

For your safety, do not climb or sit on carousel at any time.
여러분의 안전을 위해, 어떤 상황에서도 수하물 컨베이어에 올라가거나 앉지 마십시오.

185

terminal 터미널

비행기를 타기 전, 기다리는 장소가 바로 공항 터미널인데요. 큰 공항에는 터미널이 여러 개 있는 경우도 있으므로 자신이 타는 항공편이 어느 터미널에서 출발하는지 미리 알아두는 것이 좋습니다. 길을 잃었을 때는 표지판을 보고 원하는 곳을 찾아가세요. pet relief area^{애완동물 화장실}는 애완동물을 동반한 승객들을 위한 곳으로, 미국의 몇몇 공항에서 볼 수 있는 장소입니다. 인조잔디에서 동물들이 편하게 볼일을 볼 수 있게 해주는 장소지요.

🔍 들여다보기

TERMINAL B 터미널 B
Ticketing / Check-In 발권 / 탑승수속
All Gates / Security 모든 탑승구 / 보안 검색
Pet Relief Area 애완동물 화장실
Baggage Claim 수하물 찾는 곳
Designated Smoking Area 지정 흡연 구역

Terminal A and International Arrivals: Use Shuttle to Terminal A located at Rental Car Center Curb.
터미널 A와 국제선 도착: 렌터카 센터 커브에 위치한 터미널 A로 가는 셔틀버스를 이용하세요.

Parking Pay Station 주차 요금 징수기

ground transportation 육상 교통

공항에서 이용할 수 있는 육상 교통편은 화살표를 따라 가면 쉽게 찾을 수 있습니다. limousine은 공항을 오가는 버스를 말하며, airporter는 공항에서 시내 중심지에 있는 주요 호텔이나 교통 중심지까지 운행하는 셔틀버스입니다.

🔍 들여다보기

Limousines 리무진
Airporters 공항버스
Taxis 택시

AIRPORT

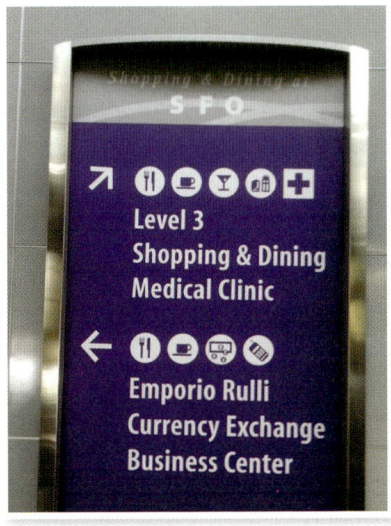

shopping & dining
쇼핑과 식사

공항에는 shopping^{쇼핑}부터 dining^{식사}까지 다양한 편의시설이 갖춰져 있습니다. SFO는 San Francisco International Airport^{샌프란시스코 국제 공항}를 가리키는 코드네임으로, 옆에 있는 사진은 샌프란시스코 국제 공항에 있는 쇼핑과 식사에 대한 안내 표지판입니다.

🔍 **들여다보기**

Shopping & Dining at SFO
샌프란시스코 국제 공항에서의 쇼핑과 식사
Level 3 3층
Shopping & Dining 쇼핑 & 식사
Medical Clinic 병원
Emporio Rulli 엠포리오 룰리 카페
Currency Exchange 환전소
Business Center 비즈니스 센터

no waiting, no parking
주정차 금지

공항에서 주정차 시 견인될 수도 있기 때문에 표지판을 잘 살펴야 합니다. no waiting은 '정차 금지', no parking은 '주차 금지'라는 뜻이지요.

🔍 **들여다보기**

ACTIVE PASSENGER LOADING/UNLOADING ONLY
신속한 승객의 승하차만 가능

$43 FINE MINIMUM
최소 43달러 벌금 부과

PLUS ANY TOWING AND STORAGE
견인비와 보관비가 추가될 수 있음

READ THE **SIGNS!**
공항에서 꼭 알아둘 영어 표지판

↑ **Gates A8-23**
B and C gates
Seating areas

탑승구 A8–23
B, C 탑승구
앉을 수 있는 곳

짐 찾는 곳

발권
엘리베이터

탑승수속

출입국 심사대
1과 2

모든 탑승구

흡연 지역
안쪽

환승 정보

차 렌트하는 곳

기내
AIRPLANE

window seat / aisle seat
창가 쪽 좌석 / 통로 쪽 좌석

window는 '창문', aisle은 '통로'란 뜻입니다. 통로 쪽 좌석보다는 창가 쪽 좌석이 더 인기 있기 때문에 되도록 일찍 공항에 도착해서 탑승수속을 하는 것이 좋습니다. 탑승수속은 보통 비행기가 출발하기 2시간 전에 시작하는데, 휴가철에는 3시간 정도 여유 있게 시간을 잡아야 합니다. 혹시 배정 받은 좌석이 마음에 안 들어서 빈 좌석으로 옮기고 싶으면, 기내가 어느 정도 정리될 때까지 기다렸다가 승무원에게 정중하게 부탁하세요.

exit seat
출구 쪽 좌석

비상출구 쪽에 있는 좌석은 발을 뻗을 수 있는 공간이 넓어서 일반 좌석보다 편하게 비행을 할 수 있습니다. 다만, 비상 시에는 항공사의 요청에 따라 승객들을 안내하는 역할을 해야 하므로, 노약자나 몸이 불편한 사람은 탑승할 수 없는 자리지요.

emergency exit
비상 출구

비행기에는 화재나 비상착륙 시에 탈출할 수 있는 출구가 여러 개 있습니다. emergency[이머ㄹ전씨]는 '비상 사태'란 뜻이고, exit[엑짙]은 '출구'란 뜻인데, 건물이나 지하철에서도 EXIT라고 쓴 표지판을 종종 볼 수 있습니다.

class
등급

비행기의 좌석 등급은 크게 세 개로 나누어져 있어요. 고급 서비스와 넓은 좌석을 제공하는 first class일등석와 그 다음 등급인 business class비즈니스석, 그리고 일반적으로 가장 많이 타는 economy class이코노미석가 있습니다. 등급에 따라 제공하는 서비스나 좌석 넓이에 큰 차이가 있어요. 물론 등급이 올라가면 가격도 그만큼 비싸집니다.

flight attendant
승무원

비행기에서 다양한 서비스를 제공하는 승무원들을 flight attendant[플라잇 어텐던트]라고 합니다. 여자 승무원은 stewardess스튜어디스, 남자 승무원은 steward스튜어드라고도 부르지요.

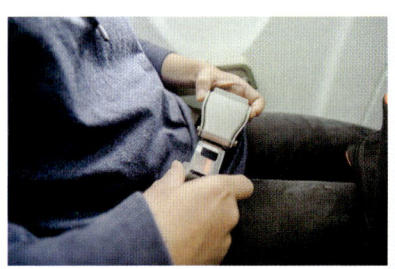

seat belt
좌석벨트

비행기가 이륙하기 전에 승무원들이 돌아다니면서 좌석을 똑바로 세우고 좌석벨트를 착용하라고 이야기하지요. 이륙 후에도 천장에 있는 좌석벨트 신호가 꺼질 때까지는 자리에 앉아 있어야 합니다. 혹시 난기류 때문에 비행기가 흔들릴 수도 있기 때문에, 앉아 있는 동안은 계속해서 좌석벨트를 착용하고 있는 것이 안전합니다.

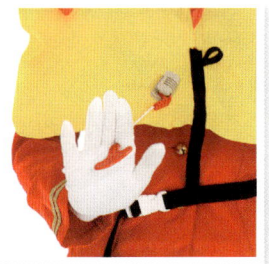

life vest
구명 조끼

항공기가 이륙하기 전에 승무원들이 구명조끼를 어떻게 착용하는지 승객들에게 설명해 줍니다. 항공기가 바다에 불시착할 경우를 대비하는 건데 너무 걱정할 필요는 없어요. 다른 교통사고와 비교해 볼 때 항공기 사고가 날 확률은 굉장히 적답니다.

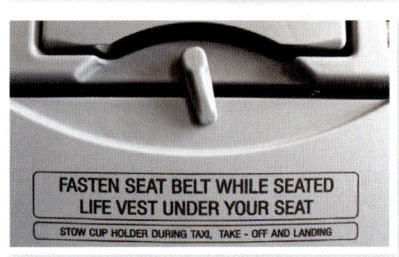

🔍 들여다보기

FASTEN SEAT BELT WHILE SEATED
앉아 있는 동안에는 좌석벨트를 매세요.

LIFE VEST UNDER YOUR SEAT
구명조끼는 좌석 밑에 있습니다.

STOW CUP HOLDER DURING TAXI, TAKE-OFF AND LANDING
이착륙과 활주 시에는 컵 받침을 접어 주십시오.

overhead bin
머리 위 수하물 선반

기내에서 수하물을 보관하는 곳이 바로 overhead bin 머리 위 수하물 선반입니다. overhead compartment라고도 하죠. overhead가 '머리 위의'란 뜻인데, 위쪽에 선반이 달려 있어서 캐리어 같은 커다란 짐을 여기에 넣을 수 있어요. 여권이나 돈처럼 중요한 물건이 들어 있는 작은 가방은 좌석 아래에 두거나 몸에 지니고 있으면 됩니다.

tray table
접이식 테이블

사진처럼 접을 수 있는 테이블이 tray table[츄레이 테이블]입니다. 좌석 등받이에 달려 있는데 이착륙 때는 접어 두었다가 식사 때나 입국신고서를 작성할 때 내려서 요긴하게 쓸 수 있지요.

in-flight meal
기내식

비행기에서는 식사시간이 되면 다양한 음식을 제공합니다. 비행 거리가 짧을 때는 주로 마실 것만 제공하지만, 비행시간이 긴 미국이나 유럽 여행 때는 매 끼니마다 fork포크, spoon숟가락, cup컵 등의 식기와 함께 다양한 음식이 제공되죠. 한국인을 위해 고추장을 제공하는 항공사도 있습니다.

airsickness bag
위생봉투

유난히 비행기 멀미 때문에 고생하는 분들은 주저 없이 승무원에게 airsickness bag위생봉투을 부탁하세요. airsickness [에어르씨크니쓰]가 '비행기 멀미'라는 의미입니다.

AIRPLANE

lavatory
화장실

기내에 있는 화장실은 lavatory[(을)래버터어리]라고 합니다. 공간은 좁지만 변기, 세면대, 휴지 등 있을 건 다 있죠. 물을 내릴 때는 flush^{물 내림} 버튼을 이용하세요. 기내에서 화장실을 이용하고 싶을 때는 승무원에게 언제 이용할 수 있는지 물어 보세요. 이륙 중에는 화장실 사용이 금지되며, 기내에서 이동이 가능해진 후에야 화장실을 사용할 수 있습니다.

occupied
사용 중

기내 화장실에 사람이 있을 때는 밖에 occupied라는 표시가 뜹니다. '사용 중'이란 뜻이지요. 반대로 사람이 없을 때는 vacant^{비어 있는}라는 표시가 뜨지요. 문을 잠그면 자동으로 표시가 뜨기 때문에, 화장실에 들어가서 꼭 잠금장치를 걸어 두세요.

call button
호출 버튼

승무원에게 요청할 것이 있을 때는 call button을 눌러 승무원을 부르면 됩니다. 비행기 기종에 따라 버튼이 위치한 곳은 각각 다른데, 천장 위에 붙어 있거나 리모컨 옆에 붙어 있습니다. 보통 사람 모양으로 되어 있는 버튼이에요.

193

대중교통
PUBLIC TRANSPORTATION

bus stop
버스 정류장

버스 정류장을 bus stop이라고 합니다. 버스는 운행을 하다가 정류장에 멈춰서 승객들을 내려주거나 태우기 때문에 stop^{멈추다}의 뜻을 생각하면 쉽게 의미를 유추할 수 있어요.

bus stop shelter
버스 정류장 대합실

shelter[쉘터]는 '대합실, 대피소'란 뜻입니다. 지붕이나 벽이 있어서 비나 바람을 피할 수 있는 버스 정류장을 bus stop shelter라고 부릅니다.

taxi stand
택시 정류장

택시를 탈 수 있는 '택시 정류장'을 taxi stand라고 합니다. 택시는 달리다가 멈춰서 손님을 태우는 버스와는 달리, 길가에 서 있는 상태에서 손님들을 태우는데요, stand^{서다}의 뜻을 떠올리면 의미를 이해하기 쉽습니다.

NYC taxi
뉴욕 택시

NYC taxi는 New York City taxi의 줄임말로, '뉴욕시 택시'를 뜻합니다. 뉴욕의 노란 택시는 뉴욕의 상징일 정도로 유명한데요, yellow cab^{노란 택시}이라는 별칭으로도 불리지요.

subway
지하철

뉴욕 지하철은 1호선~7호선 같이 숫자로 된 노선도 있지만 A, B, C, D, E, F, G, J, L, M, N, Q, R 처럼 알파벳으로 된 노선도 있어요. 노선이 굉장히 복잡하게 얽혀 있는데, 역사가 오래 되어 낡고 노후한 역도 많습니다.

🔍 들여다보기

Times Square 42 Street Station 42번가 타임스퀘어 역
Elevator at 42 St 42번가에 엘리베이터 있음
A C E at 8 Av 8번 대로에 있는 A, C, E 노선과 연결됨

underground
지하철

영국에서는 지하철을 subway가 아니라 underground라고 합니다. 지하철이 다니는 둥근 터널이 꼭 튜브처럼 생겼다고 해서 tube라고 부르기도 하지요. 영국에서 subway라고 하면 '지하도'란 뜻이니까 잘못 쓰지 않게 주의하세요.

exit
출구

뉴욕 지하철에서 밖으로 나갈 때는 exit^{출구} 표지판을 찾으면 됩니다. 런던 지하철에서는 대신 way out^{나가는 곳}이라는 표지판을 찾으면 되지요.

🔍 들여다보기

West 8 St & Surf Av 웨스트 8번가 & 서프 대로
New York Aquarium 뉴욕 수족관
24 hour booth 24시간 노점

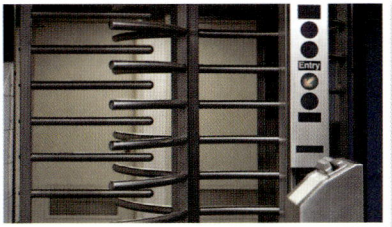

turnstile
회전식 개찰구

지하철 출입구에서 한 명씩 지나갈 때마다 회전하도록 만들어진 개찰구를 turnstile[터어ㄹ언쓰따일]이라고 합니다. 외국에는 무임승차하는 사람들이 개찰구를 뛰어넘는 걸 방지하기 위해 아예 창살로 된 회전식 개찰구도 있습니다.

uptown / downtown
상행선 / 하행선

뉴욕 지하철은 방향에 따라 북쪽 방향은 uptown, 남쪽 방향은 downtown으로 나눌 수 있습니다. 한국과 달리 방향에 따라 아예 지하철 출입구가 다르기도 합니다. express trains는 '급행 열차'란 뜻인데, 모든 역에 정차하지 않고 몇 개 역에만 정차하기 때문에 더 빨리 원하는 목적지에 갈 수 있지요.

timetable
시간표

기차를 탈 때는 안내판에 있는 출발 시간을 잘 확인해 주세요. 시간표에서 종종 볼 수 있는 remarks비고에서는 기타 알아둘 만한 사항을 언급합니다.

🔍 **들여다보기**

HARLEM LINE DEPATRUES 할렘선 출발
TIME 시간
TRK(track) 철도 선로
DESTINATION 목적지
REMARKS 비고
1ST STOP 첫 번째 정류장

tram
노면전차

버스처럼 노면을 달리는 전차를 tram[츄램]이라고 합니다. 예전에 우리나라에서도 운행하던 때가 있었는데, 지금은 없어졌지요. 홍콩, 프라하, 독일 등 많은 나라에서 대중교통 수단으로 활용하고 있습니다.

🔍 **들여다보기**

Standard Hours of Operation 표준 운영 시간
Monday - Friday 월요일 – 금요일
9 a.m. - 10:30 p.m. 오전 9시 – 오후 10시 30분
Saturday - Sunday 토요일 – 일요일
9 a.m. - 12:30 a.m. 오전 9시 – 오전 12시 30분

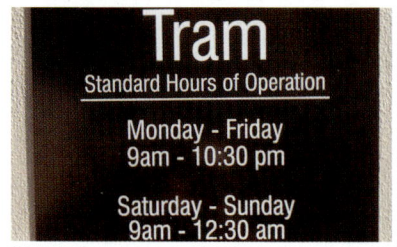

PUBLIC TRANSPORTATION

ferry
여객선

ferry[훼리]는 '여객선, 유람선'이란 뜻입니다. 커다란 강이 있는 도시에서 많이 운행하지요. 뉴욕의 대표 관광지인 자유의 여신상에 갈 때는 Staten Island[스테이튼 아일랜드]에서 무료로 페리를 운행하기도 합니다.

🔍 들여다보기

BUY TICKETS ON THE FERRY
배에서 표를 구입하세요.

fare
교통요금

기차, 지하철, 버스, 택시 등의 '교통요금'을 fare라고 합니다. 요즘은 뉴욕의 MetroCard[메트로카드]처럼 충전할 수 있는 교통카드로 요금을 지불하는 경우도 많습니다. 버스에서 요금을 현금으로 지불할 때는 잔돈을 돌려주지 않는 경우도 있으므로, 동전을 미리 준비해 두는 것이 좋아요.

🔍 들여다보기

PAY AS YOU ENTER
들어올 때 돈을 내세요.

Exact fare please
정확한 요금을 내 주세요.

railroad crossing
선로 교차로

railroad는 '철도 선로'란 뜻이고 crossing은 '교차점'이란 뜻으로, railroad crossing[(우)레일로우드 크러씽]은 '(철도의) 건널목'을 말합니다. 선로와 찻길이 만나는 곳에서 흔히 볼 수 있는 표지판이지요. 한편 yield는 '양보하다'란 뜻입니다.

197

(열차와 승강장 사이의) 간격을 주의하세요.

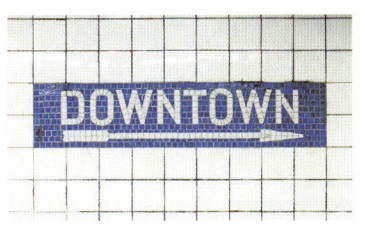
하행선

2번 승강장

대합실

나가는 곳

닥사이드 쇼핑몰로 가는 셔틀버스 정류장

승강장 가장자리에서 뒤로 물러서세요.

주차한 후에 승차하세요.

운전
DRIVING

international driving permit
국제 운전면허증

해외에서 차를 렌트할 때는 international driving permit^{국제 운전면허증}이 필요합니다. permit은 동사로는 '허락하다'란 뜻인데, 명사로는 '면허장, 허가장'이라는 뜻이 있어요. 국제 운전면허증은 운전면허 시험장과 경찰서에서 신청할 수 있는데, 여권, 여권용 사진, 운전면허증이 필요하죠. 발급날짜로부터 1년 동안 사용할 수 있어요. 미국을 비롯해 대부분의 나라에서는 운전을 할 때 한국의 운전 면허증과 여권도 함께 지참해야 하니까 주의하세요.

rent-a-car
렌터카, 임대 자동차

현지 공항에 도착해서 차를 렌트하려면 rent-a-car라고 쓴 곳을 찾으면 됩니다. rent-a-car는 '렌터카, 임대 자동차'를 말해요. 문제는 여행하는 곳이 영어권이면 서류 작성부터 대화까지 전부 영어로 해야 한다는 점이죠. 이럴 때는 인터넷을 이용해서 사전 예약을 하거나 현지에서 한국인이 운영하는 곳을 알아보면 도움이 됩니다.

car rental return
임대 차량 반납

공항에서 차를 렌트하게 되면 공항 근처에 차를 반납하는 장소가 있습니다. 또는, 공항에서 차를 빌리고 다른 도시에서 반납할 수 있는 서비스를 제공하는 경우도 있습니다.

gasoline
기름

차에 넣는 기름은 oil이 아니라 gasoline이라고 하는데, gas라고 줄여서도 많이 씁니다. 기름 종류는 주유소에 따라 조금씩 다른데요, 보통, 고급, 최고급으로 등급을 나눕니다. regular, plus, premium으로 분류되어 있기도 하고, unleaded, unleaded plus, super unleaded로 나누기도 하지요. 일반적으로는 regular와 unleaded를 가장 많이 넣습니다. 한국은 리터 단위로 가격을 명시하지만 미국에서는 갤런 단위로 가격을 명시합니다. 1갤런은 3.78리터 정도지요. 주유소 가격표 옆에 붙은 9/10은 소수점 세 자리 수를 표기한 것인데요, 이 표지판에서는 regular의 가격은 1,719달러이고, plus의 가격은 1.819달러라는 말입니다.

🔍 들여다보기
Regular 보통 무연 휘발유
Plus 고급 무연 휘발유
Premium 최고급 무연 휘발유
Diesel 디젤

self service
셀프 서비스

미국에는 운전자가 직접 기름을 넣어야 하는 셀프 서비스의 주유소가 대부분입니다. 기름을 넣고 가게에 들어가서 계산을 하면 되는데, 어떻게 해야 할지 잘 모를 때는 직원에게 문의하세요. 선불로 운영하는 주유소도 있는데, 그 경우에는 Pay first.먼저 계산하세요.라는 표지판이 붙어 있어요.

speed limit
제한 속도

운전하다 보면 숫자와 함께 써 있는 speed limit이란 표지판을 많이 볼 수 있어요. speed는 '속도'란 뜻이고 limit은 '제한'이란 뜻이니까 speed limit은 '제한 속도'란 뜻이 되지요. 우리나라에서는 킬로미터로 단위를 재지만 미국, 영국 등 외국에서는 마일이란 단위를 써요. 1마일은 약 1.6킬로미터를 의미합니다. Speed Limit 35는 제한 속도가 35마일이란 뜻인데, 35마일은 약 56킬로미터입니다.

parking pay station
주차 요금 징수기

주차장 중에는 주차 요금을 정산하는 기계가 있는 경우도 있습니다. 주차 요금 징수기에서 미리 결제를 하면 편하게 주차장을 빠져나갈 수 있어요. 주차 요금을 지불하는 법을 잘 알아 두세요.

🔍 들여다보기

Two ways to pay for parking
두 가지 주차 요금 지불 방법

1. Use Credit Card at any exit lane.
   출구 차선 아무 곳에서나 신용카드를 사용하세요.

2. Pay with cash at Pay Station.
   주차 요금 징수기에서 현금으로 계산하세요.

garage
건물 주차장

garage[거라아쥐]에는 '차고'란 뜻 외에 '주차장'이란 뜻도 있어요. 건물로 된 주차장을 garage라고 하는데, parking garage라고도 합니다.

🔍 들여다보기

PIER 39 GARAGE
39번 부두 주차장

THIS IS AN AUTOMATED FACILITY.
이곳은 자동화된 시설입니다.

KEEP TICKET WITH YOU.
표를 소지하세요.

Pay At Machine Before Returning To Your Vehicle.
차량으로 돌아가기 전에 기계에서 주차비를 지불하세요.

parking meter
주차 요금 징수기

동전을 넣으면 자동으로 주차를 할 수 있는 주차 요금 징수기를 parking meter라고 합니다. 동전을 넣고 레버를 돌리면 바늘이 돌아가면서 주차 가능 시간을 가리키는데, 주차 시간을 넘기게 되면 벌금을 물게 되므로 시간을 잘 계산해서 동전을 넣어야 합니다.

DRIVING

parking
주차

운전을 하다 보면 주차와 관련된 팻말을 많이 볼 수 있습니다. 가게 앞에 있는 주차장의 경우, 주차할 수 있는 시간을 명시해 두는 경우가 많기 때문에 시간을 초과해서 주차하지 않도록 주의해야 합니다.

🔍 들여다보기

30 MINUTE CUSTOMER PARKING 30분 고객 주차

ALL OTHERS WILL BE TOWED AT OWNER'S EXPENSE.
다른 차량들은 모두 차주의 비용으로 견인됩니다.

reserved parking
지정 주차

reserved는 '예약된'이란 뜻인데요, reserved parking[(우)리 저ㄹ브드 파아ㄹ킹]은 '지정 주차', '전용 주차'라는 뜻입니다.

🔍 들여다보기

ONWARD BEACH RESORT 온워드 비치 리조트
RESERVED PARKING 전용 주차

UNAUTHORIZED VEHICLES WILL BE TOWED AT VEHICLE OWNER'S EXPENSE.
허락받지 않은 차량들은 차주의 비용으로 견인됩니다.

no parking
주차금지

no parking은 '주차금지'라는 뜻으로, 운전할 때 가장 자주 볼 수 있는 경고문 중 하나입니다.

🔍 들여다보기

Authorized Blue Laggon Plaza Tenants and Customers Only
허락받은 블루 라군 플라자 세입자들과 고객들만 주차할 수 있습니다.

NOT FOR FUJI ICHIBAN CUSTOMERS
후지 이치방 고객들을 위한 것이 아닙니다.

ALL UNAUTHORIZED VEHICLES WILL BE TOWED AWAY AT OWNER'S EXPENSE.
허락받지 않은 차량들은 모두 차주의 비용으로 견인됩니다.

203

READ THE **SIGNS!**
운전할 때 꼭 알아둘 영어 표지판

항상 주차금지

속도를 줄이세요.

안전벨트를 착용하세요. 그게 법이에요.

진입로를 막지 마세요.

전방에 신호등

우회로

전방에 도로 공사 중

일방통행

막다른 길

숙박시설
ACCOMMODATIONS

bed & breakfast
아침을 제공하는 숙박시설

잠자리와 아침식사를 제공하는 숙박시설을 bed^{침대}와 breakfast^{아침식사}를 합쳐 bed & breakfast^{베드 앤드 브렉퍼스트}라고 합니다. 호텔보다 규모가 작은 숙박시설로, B&B라고 줄여서도 많이 씁니다.

no vacancy
빈 방 없음

예약 없이도 방을 잡을 수 있는 미국의 모텔이나 B&B에서는 숙소 앞에 빈방 여부를 표지판으로 표시하는 경우가 많습니다. No Vacancy[노우 풰이컨씨]는 '빈 방 없음'이란 뜻이고, Vacancy[풰이컨씨]는 '빈 방 있음'이란 뜻입니다.

en suite
방에 개인 욕실이 달린

en suite[안 쓰위트]는 유럽의 유스호스텔이나 저가 호텔을 예약할 때 많이 볼 수 있는 표현입니다. 원래는 프랑스어에서 온 말로, '한 벌로 되어 있는'이란 뜻인데, 형용사로는 '(방에) 개인 욕실이 달린', 명사로는 '욕실이 달려 있는 방'이란 뜻도 있습니다. 한편 거실과 방이 연결되어 있는 호텔 객실을 suite^{스위트룸}라고 합니다.

🔍 들여다보기

REGAR HOUSE 레가 하우스

BED & BREAKFAST or ROOM ONLY
침대와 아침식사 또는 방만 있어요.

TEL (telephone number)
전화번호

ALL ROOMS EN SUITE
모든 방에는 개인 욕실이 달려 있습니다.

STRICTLY NON SMOKING
반드시 금연입니다.

front desk
프런트 데스크, 접수처

필요한 물건이 있다면 호텔 front desk[후런트 데스크]에 문의해 보세요. 영국 등 유럽에서는 reception[리셉션]이라고도 합니다. 카메라나 스마트폰을 충전할 때 필요한 adapter[어댑터]도 나라마다 전원이 다르기 때문에 프런트 데스크에서 빌릴 수 있어요. 또, 여행 도중에 길을 잃을 때를 대비해서 호텔 주소가 적혀있는 명함도 받아두면 좋아요.

concierge
호텔 안내인, 관리인

고급 호텔이나 규모가 큰 호텔에서는 손님들의 편의를 위해 concierge[칸씨에어ㄹ쥐]를 두고 있어, 이곳을 통해 관광정보부터 호텔 근처의 괜찮은 레스토랑까지 다양한 정보를 얻을 수 있어요. 공연이나 교통편을 손님 대신 예약해 주는 서비스를 제공하기도 합니다.

deposit
보증금

여행 전에 해외에서 사용할 수 있는 신용카드를 미리 준비해 두세요. 호텔에서 체크인할 때 deposit[디파짓]으로 신용카드를 요청하는 경우가 있습니다. 혹시 손님이 물품을 파손했거나, 미니바에서 마신 음료 값을 지불하지 않고 가버리는 경우를 대비하기 위해서입니다. 파손된 물품이나 이용한 음료가 없다면 실제로 결제되지는 않아요.

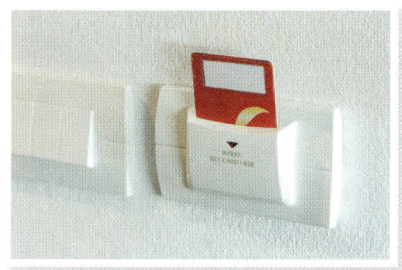

key card
카드 열쇠

호텔마다 객실 열쇠 종류는 다양합니다. 열쇠구멍에 넣고 돌려야 하는 열쇠도 있지만 요즘은 많은 호텔에서 카드로 된 열쇠를 제공하지요. 최신 호텔의 경우는 엘리베이터를 탈 때도 카드를 대야 이용이 가능합니다. 객실에서 INSERT KEY CARD HERE[여기에 카드 열쇠를 넣으세요]라고 쓴 곳에 카드를 끼워 넣으면 전기가 들어 옵니다.

complimentary service
무료 서비스

complimentary[캄플러맨터리]는 '무료의'라는 뜻인데요. 객실 손님들을 위해 호텔에서 무료로 제공하는 물품들이 있어요. 수건, 목욕 용품, 칫솔, 치약 같은 기본 물품이지요. 냉장고 안에 있는 음료나 술은 돈을 지불해야 하는데, 생수는 무료로 지급하는 경우도 많습니다.

toothbrush kit
칫솔 용품

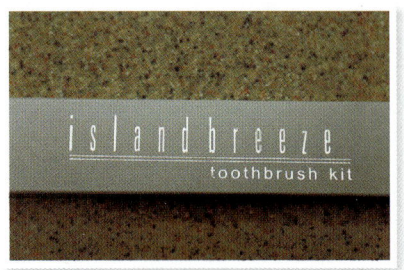

호텔에서 무료로 제공하는 샴푸, 칫솔, 치약 등의 용품을 amenity[편의 물품]라고 해요. 그 중에서도 toothbrush kit[투쓰브러쉬 킷]에는 일회용 칫솔과 치약이 들어 있습니다. 이러한 amenity는 호텔에서 매일 제공하기 때문에 사용 후 버리면 됩니다.

safe-deposit box
귀중품 보관 금고

호텔 객실에는 금고가 비치되어 있습니다. 중요한 물품을 금고 안에 보관해 두세요. 자신이 기억하기 쉬운 비밀번호로 입력해 두는 것이 편합니다. 호텔에서 퇴실할 때는 다음 손님들이 사용해야 하므로 금고문을 열어 두세요.

hotel breakfast
호텔 아침식사

호텔의 아침식사는 주로 뷔페식으로 운영됩니다. 조식을 포함해서 객실을 예약했다면 체크인할 때 식당 위치와 아침식사 시간을 알아두세요. 조식 없이 객실만 예약했다면 호텔 직원이 호텔 식당을 이용해 아침을 해결할 건지 물어 볼 거예요. 조식 뷔페를 이용하게 되면 나중에 퇴실할 때 미리 보증금으로 건네준 신용카드로 결제됩니다.

ACCOMMODATIONS

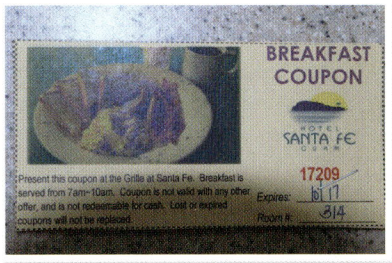

breakfast coupon
아침식사 쿠폰

호텔 요금에 아침식사가 포함된 경우, 체크인할 때 breakfast coupon[브랙풔스트 쿠우판]을 제공합니다. 조식 시간에 쿠폰을 들고 식당으로 찾아가면 되지요.

🔍 들여다보기

Present this coupon at the Grille at Santa Fe. Breakfast is served from 7 a.m.~10 a.m. Coupon is not valid with any other offer, and is not redeemable for cash. Lost or expired coupons will not be replaced.
이 쿠폰을 산타페 호텔의 식당에 제출하십시오. 아침식사는 오전 7시부터 10시까지 제공됩니다. 쿠폰은 다른 것을 주문 시에는 사용 불가하며, 현금으로 환불되지 않습니다. 분실되거나 기간이 만료된 쿠폰은 교환되지 않습니다.

Expires 만료되다
Room # 방 번호

Do not disturb
방해하지 마세요

방에서 아무 방해도 받지 않고 조용히 쉬고 싶거나 늦잠을 자고 싶다면 방문 앞에 Do not disturb,라고 된 표지판을 걸어 두세요. disturb[디쓰터r브]는 '방해하다'란 뜻이므로 Do not disturb,는 '방해하지 마세요.'라는 의미의 표지판입니다. 이 표지판을 걸어 두면 호텔 청소 직원이 청소하러 들어오지 않아요.

🔍 들여다보기

INSERT THIS END INTO DOOR LOCK.
이 끝부분을 문 자물쇠에 끼워 넣으세요.

Please make up room
방을 정돈해 주세요.

호텔 청소 직원이 방을 정리해 주길 바란다면 Please make up room,이라고 쓴 표지판을 걸어 놓으면 됩니다. make up은 '(방을) 치우다, 정리하다'란 뜻이에요. 객실 청소를 원한다면 외출할 때 이 표지판을 걸어두고 나가는 것이 좋아요.

no smoking
금연

호텔 벽면에 붙은 금연 경고문이에요. 호텔마다 smoking room^{흡연룸}도 갖추고 있지만, 로비나 복도 같은 공공장소에서는 기본적으로 No smoking^{금연}이기 때문에 담배를 피울 때는 주의하세요.

🔍 **들여다보기**

Public Law 21-139 - the Clean Indoor Air Act of 1992 - prohibits smoking in the lobby, restrooms, hallways and elevators of this hotel.
공법 21-139, 1992년 깨끗한 실내 공기 법령에 따라 이 호텔의 로비, 화장실, 복도 그리고 엘리베이터에서는 흡연을 금지합니다.

no jumping
뛰지 마시오

표지판에서 '~하지 마시오'라고 할 때 No 뒤에 동사ing를 붙여서 표현합니다. 옆 사진은 로비 벽면에 붙어 있는 경고문입니다.

🔍 **들여다보기**

NO Jumping [Sleeping / Smoking / Eating / Writing] on Couches.
소파 위에서 뛰기 [수면 / 흡연 / 음식물 섭취 / 글쓰기]를 하지 마세요.

Guests/Visitors will be liable for damage to property.
손님들과 방문객들은 재산상의 손실에 대해 책임을 져야 합니다.

snacks / drinks
가벼운 식사 / 음료

호텔에 따라 lobby^{로비} 근처에는 가벼운 식사, 커피, 음료를 즐길 수 있는 장소가 있습니다. 호텔마다 다양한 식사나 음료를 제공하지요.

ACCOMMODATIONS

laundry room
세탁실

체류하는 손님들의 편의를 위해 큰 호텔은 자체적으로 laundry room[(을)러언쥬뤼 (우)루움]을 운영합니다. 동전을 넣으면 작동하는 세탁기가 비치되어 있어서, 간단한 빨래를 할 수 있지요. 시간 여유가 없다면 유료로 호텔에서 제공하는 세탁 서비스를 이용하는 것도 방법입니다. 가격은 좀 비싸지만 옷장 안에 비치된 laundry bag[세탁 봉투]에 세탁물을 넣어 맡기기만 하면 되니까 편리합니다.

🔍 들여다보기

COIN OPERATED LAUNDRY ROOM
동전 투입식 세탁실

LAUNDRY SOAP $1.00 빨래 비누, 1달러

FABRIC SOFTENER $1.00 섬유 유연제, 1달러

AVAILABLE FOR SALE AT LOBBY GIFT SHOP
로비의 선물가게에서 판매하고 있어요.

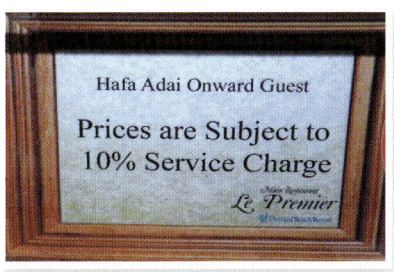

service charge
봉사료

호텔 요금과 별도의 비용이 청구되는 경우가 있는데요, service charge는 '서비스료' 또는 '봉사료'를 뜻합니다.

🔍 들여다보기

Hafa Adai Onward Guest
하파 다이 온워드 손님

Prices are Subject to 10% Service Charge.
요금에는 10% 봉사료가 부과됩니다.

valet parking
대리 주차

valet parking[밸레이 파아ㄹ킹]은 안내원이 고객을 위해 대신 주차해 주는 서비스를 말합니다. 호텔뿐 아니라 고급 레스토랑이나 가게에서도 종종 제공하는 서비스지요. 반면, 안내원의 도움 없이 운전자 스스로 주차하는 것을 self parking이라고 합니다.

🔍 들여다보기

HOTEL REGISTRATION 호텔 등록
VALET PARKING 대리 주차
SELF PARKING 직접 주차

거리
STREET

St / Ave
거리 / 대로

길거리에 있는 표지판을 보면 St와 Ave라는 표현을 많이 볼 수 있어요. St는 street^{거리}의 줄임말이고 Ave는 avenue^{대로}의 줄임말로, 도로 이름을 나타낼 때 뒤에 붙이는 말입니다. '~가', '~거리'란 뜻이므로 East 42nd St는 '동쪽 42번가', Madison Ave는 '메디슨 거리'란 의미가 됩니다. 뉴욕에서는 주로 가로로 난 길을 street, 세로로 난 길을 avenue라고 합니다.

square / bridge
광장 / 다리

square는 원래 '정사각형'이란 뜻인데요, 빌딩으로 둘러싸인 정사각형 모양의 넓은 공간을 square^{광장}라고 합니다. bridge는 강이나 바다를 건너는 '다리'를 뜻합니다.

🔍 들여다보기

Trafalgar Square 트라팔가 광장
Lambeth Bridge 램버스 다리

restroom / toilet
화장실

여행할 때 가장 많이 찾게 되는 장소가 바로 화장실인데요, 미국에서는 restroom이라고 하고 영국이나 유럽 쪽에서는 toilet이라고 합니다. 수세식 화장실은 water closet의 약자인 W.C로 표기하는데, 요즘은 잘 안 쓰는 단어예요. 여자 화장실은 women 혹은 ladies, 남자화장실은 men 혹은 gentlemen이라고 표기되어 있습니다. 보통 남녀 그림이 그려져 있어서 영어 단어를 모르더라도 쉽게 찾아갈 수 있어요.

no trespassing
불법침입 금지

trespass[츄레스패쓰]는 '불법으로 침입하다'란 뜻으로, No trespassing은 '불법침입 금지'란 뜻이 됩니다. 주로 사유지에서 많이 볼 수 있는 표지판이에요.

🔍 **들여다보기**

Violators Will Be Prosecuted.
위반 시 고소합니다.

watch your step
발 조심하세요

젖은 바닥이나 턱이 높은 계단에서 watch your step이라고 쓴 것을 많이 볼 수 있습니다. 동사 watch는 '보다'란 뜻도 있지만 '조심하다'란 뜻으로도 사용됩니다. 따라서 watch your step은 '발 조심하세요.'란 의미가 되지요.

keep out
출입금지

경고문에서 아주 많이 쓰는 말 중 하나가 바로 keep out 입니다. '출입금지'란 뜻으로, keep off라고도 합니다. unauthorized personnel은 '승인받지 못한 사람'이란 뜻인데, unauthorized personnel keep out이라고 하면 '관계자외 출입금지'라는 의미가 되지요.

danger
위험

절벽이나 공사장 등 위험한 장소에서 DANGER라고 쓴 표지판을 많이 찾아 볼 수 있습니다. '위험'이라는 뜻이지요.

🔍 **들여다보기**

DANGER 위험
SLIDING CLIFFS 미끄러운 절벽
KEEP BACK 뒤로 물러서시오

free internet / WiFi
무료 인터넷 / 와이파이

요즘은 스마트폰을 들고 여행을 하는 경우가 많아서, 무료 와이파이가 잘 터지는 곳을 찾아 헤맬 때가 많습니다. 그럴 때는 이런 표지판이 있는지 눈 여겨 보세요. free가 '무료'의 라는 뜻입니다.

fine
벌금

fine은 형용사로는 '좋은'이란 뜻이 있지만 명사로는 '벌금'이란 뜻이 있어요. 어떤 행위를 하면 벌금을 문다는 경고 표지판에서 많이 찾아볼 수 있는 단어입니다. 한편 litter[(을)리터]는 '어지르다', '더럽히다'란 뜻으로, littering은 '쓰레기를 버리는 것'을 말해요.

🔍 들여다보기

$500 FINE FOR LITTERING
쓰레기를 버리면 500달러 벌금

restricted area
제한 구역

restricted는 '제한된'이란 뜻이고, area는 '지역, 구역'이란 뜻입니다. 출입이 금지된 restricted area^{제한 구역}에서는 DO NOT ENTER^{들어가지 마시오}란 표현도 같이 써 놓는 경우가 많으니까 함께 알아두세요.

ATM
현금 자동 입출금기

현금을 입금하거나 인출할 때 사용하는 ATM은 Auto Teller Machine의 줄임말로, '현금 자동 입출금기'를 뜻합니다.

🔍 들여다보기

PULL 잡아당기세요.
ATM MACHINE 현금 자동 입출금기
Available Inside 안쪽에서 이용가능

STREET

pay phone
공중전화

동전을 넣고 쓰는 공중전화를 '지불'이란 뜻의 pay와 '전화'라는 뜻의 phone을 합쳐 pay phone[페이 호운]이라고 합니다. 요즘은 여행을 갈 때 스마트폰을 챙겨가는 경우가 많아 공중전화를 쓸 일이 적은데요, 스마트폰을 분실했거나 전화가 잘 터지지 않는 경우에 유용하게 쓸 수 있습니다.

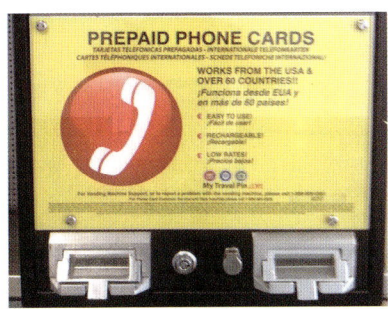

prepaid phone card
선불 전화카드

prepaid는 '선불의'란 뜻입니다. 국제전화를 쓸 일이 많을 때는 미리 선불 전화카드를 구입해 그때그때 사용하면 경제적입니다.

🔍 **들여다보기**

WORKS FROM THE USA & OVER 60 COUNTRIES
미국과 60개 이상의 나라에서 사용 가능

EASY TO USE! 사용하기 쉬움!
RECHARGEABLE! 재충전 가능!
LOW RATES! 저렴한 가격!

vending machine
자동판매기

자동판매기를 vending machine[벤딩 머쉬인]이라고 합니다. 보통은 음료나 간단한 간식을 판매하지만, 옆에 나온 사진처럼 신문을 판매하는 자동판매기도 있습니다.

🔍 **들여다보기**

PLEASE INSERT COIN.
동전을 넣어 주세요.

COIN REJECT BAR
동전 반환 버튼

crosswalk
횡단보도

길을 건너는 '횡단보도'를 crosswalk라고 합니다. cross는 '횡단하는'이란 뜻 외에도 '길을 건너다'란 뜻이 있어서 cross here라고 하면 '여기로 건너세요.'라는 뜻이 됩니다.

🔍 들여다보기

CROSSWALK CLOSED
횡단보도 폐쇄

CROSS HERE
여기로 건너세요.

traffic light
교통 신호등

traffic은 '교통', light는 '불'이란 뜻으로, '교통 신호등'을 traffic light라고 합니다. 빨간 불일 때는 Don't walk^{건지 마세요}, 녹색 불일 때는 Walk^{걸으세요}라고 글자가 표시되는 신호등도 있습니다.

pedestrians
보행자

길을 걷는 '보행자'를 pedestrian[퍼데쓰츄리언]이라고 하는데요, 사람이 많이 다니지 않는 횡단보도에서는 길을 건너기 전에 신호등의 버튼을 눌러야 녹색 불이 들어옵니다. 버튼 위에 Push button to cross street. ^{길을 건너려면 버튼을 누르세요.} 같은 팻말이 붙어 있는 경우도 있으므로 참고하세요.

🔍 들여다보기

PEDESTRIANS push button and wait for signal opposite
보행자들은 버튼을 누르고 반대편 신호를 기다리세요.

wait 기다리세요.

cross with care 조심해서 건너세요.

STREET

sidewalk
인도

사람들이 다니는 '인도, 보도'를 sidewalk라고 합니다. sidewalk closed라고 하면 '인도 폐쇄'라는 뜻이지요. 영국에서는 '인도 폐쇄'라고 할 때 footpath closed라는 표지판을 세워두는데, footpath도 '보도'란 뜻입니다.

flea market
벼룩 시장

flea는 '벼룩'이란 뜻이고, market은 '시장'이란 뜻인데요, 중고품을 파는 노천 시장을 flea market 벼룩시장이라고 합니다. 원래는 market with fleas 벼룩이 있는 시장란 뜻의 프랑스어인 marché aux puces에서 온 말인데요. 벼룩이 있을 정도로 오래된 골동품을 팔아서 이런 이름이 붙여졌다는 설이 있습니다.

🔍 들여다보기

FLEA MARKET 벼룩 시장

SAT & SUN 10 A.M. - 5 P.M.
토요일 & 일요일 오전 10시부터 오후 5시까지

private
개인 사유의

private[프라이벗]은 '개인에 속하는', '개인 사유의'란 뜻이에요. 따라서 이렇게 쓴 표지판이 있으면 그곳은 사유지이므로 들어가서는 안 됩니다.

🔍 들여다보기

PRIVATE 개인 사유의

No visitors beyond this point.
방문객들은 이 지점을 넘어설 수 없습니다.

217

READ THE SIGNS!
거리에서 꼭 알아둘 영어 표지판

물 속에 돌을 던지지 마세요.

댐에서 낚시 금지

개 조심

잔디밭에 들어가지 마세요.

동물을 만지거나 먹이를 주지 마시오.

흡연은 엄격히 금지되어 있습니다.

들어오지 마세요.

출입 금지

수영 금지

관광지
TOURIST ATTRACTION

welcome center
여행 안내 센터

각 도시에는 관광정보를 얻을 수 있는 관광안내소가 있어요. welcome center^{환영 센터}라고도 하고, tourist (information) office^{관광안내소}라고도 하지요. 무료 지도부터 교통 정보에 이르기까지 다양한 관광정보를 얻을 수 있습니다.

🔍 들여다보기

need information?
정보가 필요하세요?

visit CALIFORNIA WELCOME CENTER
캘리포니아 웰컴 센터를 방문하세요.

Information, Maps, Activities, Internet, Wheelchair/Stroller Rental, Tours, Luggage Storage
정보, 지도, 행사, 인터넷, 휠체어 및 (접는) 유모차 대여, 관광, 짐 보관

LOCATED ON LEVEL 2, P BUILDING
P 빌딩의 2층에 위치하고 있습니다.

tourist information
관광 정보

여행을 하다 보면 i라고 쓴 표지판을 종종 볼 수 있습니다. i는 '정보'라는 뜻을 가진 information의 줄임말로, 관광 정보를 제공하는 관광안내소를 나타내는 표지판이에요. tourist는 명사로는 '관광객, 여행객'이란 뜻이고, 형용사로는 '관광객을 위한'이란 뜻입니다. 그러므로 tourist information은 '관광객을 위한 정보', 즉 '관광 정보'라는 의미입니다.

state
주

미국은 50개의 state[스테이트]로 이루어진 나라입니다. 미국의 정식명칭도 여러 주가 모여서 이루어진 나라라고 해서 United states of America^{미합중국}이지요. 미국 서부에 있는 Nevada^{네바다 주}는 the silver state^{은의 주}라는 별칭을 갖고 있는데, 거대한 은광이 많아서 이런 별명이 붙었다고 합니다.

🔍 들여다보기

WELCOME TO NEVADA. 네바다에 오신 걸 환영합니다.
THE SILVER STATE 은의 주(고장)
Pacific Time Zone 태평양 표준시

museum
박물관

박물관을 museum이라고 합니다. 박물관의 종류는 다양한데, 대표적인 것을 살펴 보면 natural history museum[자연사 박물관], archaeology museum[고고학 박물관], science museum[과학 박물관] 등이 있습니다.

🔍 들여다보기

THE SHERLCOCK HOLMES MUSEUM
셜록홈스 박물관

SOUVENIRS, BOOKS, ANTIQUES AND CURIOS
기념품, 책, 골동품과 미술품

admission
입장료

입장료는 보통 adult[어른] 요금과 child[아이] 요금이 따로 있습니다. 학생할인을 해 주는 경우도 있는데 입장료가 무료인 경우에는 free admission이라고 써 있습니다.

🔍 들여다보기

Ernest Hemingway Home 어니스트 헤밍웨이의 집

Open 9 a.m.~5 p.m. daily 운영, 매일 오전 9시~오후 5시

Admission Adult $12 Child $6
입장료, 성인 12달러, 어린이 6달러

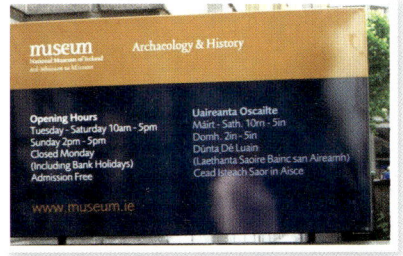

opening hours
운영시간

박물관이 문을 여는 운영시간을 opening hours라고 합니다. bank holidays는 '은행이 쉬는 날'을 말하는데, 즉 법정 공휴일을 의미하지요.

🔍 들여다보기

museum Archaeology & History
박물관   고고학 & 역사

Tuesday - Saturday 10 a.m. – 5 p.m.
화요일-토요일 오전 10시~오후 5시

Sunday 2 p.m. – 5 p.m. 일요일 오후 2시~5시

Closed Monday (Including Bank Holidays)
월요일은 휴관 (법정 공휴일 포함)

Admission Free 입장료 무료

gallery
미술관

미술관을 art museum, 또는 gallery라고 합니다. 또는 art gallery라고도 하지요.

🔍 **들여다보기**

National Gallery of Ireland
아일랜드 국립 미술관

Restaurant & Cafe, Gallery, Bookshop
식당 & 카페, 미술관, 서점

open every day
매일 영업합니다.

Free Admission
입장료 무료

ticket
표

승차권이나 입장권 등의 표를 구매할 수 있는 매표소를 ticket office라고 합니다. 매표소 앞에 크게 tickets라고 써 있는 경우도 있지요.

🔍 **들여다보기**

TICKETS
표

BAY TOURS & BEYOND
만 관광 & 그 밖의 것

BLUE & GOLD FLEET
블루 & 골드 선단

guided tour
가이드 투어

다른 사람의 안내를 받으며 하는 관광을 guided tour라고 합니다. guide는 '안내하는 사람, 안내원'이란 뜻인데, '안내하다'란 뜻도 있어요. 그래서 guided는 '안내되는'이란 뜻이지요. 박물관이나 미술관에서 견학을 할 때 가이드 투어를 이용하는 경우가 많습니다.

🔍 **들여다보기**

GUIDED TOURS ONLY
가이드 투어만 가능

TOURIST ATTRACTION

box office
매표소

영화나 뮤지컬 등의 공연 표를 살 수 있는 매표소를 영어로는 box office라고 합니다. 옛날에는 극장 앞에 있는 box^{상자}처럼 생긴 office^{사무실}에서 표를 팔았기 때문에 이런 이름이 붙여졌다고 합니다. 요즘은 의미가 확장되어 '영화의 흥행 수입'을 가리키기도 하지요.

observatory
전망대

도시의 전망을 한눈에 내려다 볼 수 있는 전망대를 observatory[업줘어ㄹ버토어리]라고 합니다. 뉴욕에서는 엠파이어 스테이트 빌딩과 록펠러 센터에 있는 Top of the Rock^{탑오브더락}이라는 전망대가 야경이 아름다운 걸로 유명하지요.

🔍 들여다보기

DO NOT LEAN ON GLASS.
유리에 기대지 마세요.

double-decker
이층 버스

double-decker[더블 데커리]는 '2층으로 된 버스'란 뜻으로, double-decker bus라고도 합니다. 많은 관광지에서는 지붕이 뚫려 있어 풍경을 생생하게 감상할 수 있는 이층버스를 운영하지요.

식당
RESTAURANT

open / closed
영업 중인 / 폐점의

영업시간은 business hours라고 합니다. 문 여는 시간과 닫는 시간을 표현할 때는 open과 closed란 단어를 쓰는데, open은 '영업 중인, 열려 있는', closed는 '폐점의, 닫혀 있는'이란 뜻이에요. 요일에 따라서 영업시간을 명시하는 경우도 있는데, Monday월요일, Tuesday화요일, Wednesday수요일, Thursday목요일, Friday금요일, Saturday토요일, Sunday일요일라는 단어를 잘 기억해 두세요.

Please wait to be seated
안내해 드릴 때까지 기다려 주세요

한국에서는 보통 식당에 갔을 때 빈 테이블이 있으면 가서 먼저 앉은 다음 주문을 하는데, 외국에서 식당을 이용할 때는 테이블이 비어있어도 웨이터의 안내가 있을 때까지는 식당 입구에서 기다리고 있는 것이 좋습니다. Please wait to be seated.는 '자리가 날 때까지 기다리세요.', '안내해드릴 때까지 기다려주세요.'의 뜻입니다.

reserved
예약된

reserve는 '예약하다'란 뜻의 동사입니다. reserved[(우)리저ㄹ브드]라고 하면 '예약된'이란 뜻으로, 예약된 자리에는 이렇게 쓴 팻말을 올려 둡니다. 참고로 '예약'은 reservation이라고 합니다.

tip
팁

한국인들에게 익숙하지 않은 것이 바로 tip팁 문화입니다. 우리나라와는 달리 미국, 캐나다 같은 북미권에서는 팁 문화가 발달되어 있기 때문에, 식사 후 음식 값과는 별도로 팁을 지불해야 합니다. 보통 음식 값의 15~20%정도 선에서 지불하면 돼요. 식당에 따라서는 팁이 음식값에 포함되어 있는 곳도 있는데, 이런 경우에는 보통 계산서에 팁이 포함되어 있다고 작게 써 있기 때문에 계산하기 전에 잘 확인해 봐야 합니다.

menu
메뉴

레스토랑에 들어가면 우선 menu^{메뉴}를 보고 주문을 하게 되는데, 음식과 관련된 단어에 익숙지 않다면 주문하는 데 종종 곤란을 겪을 수 있습니다. 아래에 있는 주요 단어들은 꼭 알아뒀다가 주문할 때 참고하세요.

🔍 들여다보기

appetizers 애피타이저(전채)
main dishes 주요리
desserts 디저트, 후식
beverages 음료

buffet
뷔페

여러 가지 음식을 차려 놓고 손님들이 스스로 음식을 떠 먹는 스타일의 식사를 buffet[버휏]이라고 합니다. 여행지에서 뷔페를 이용하면 현지의 다양한 음식을 좀 더 저렴한 가격에 맛볼 수 있어요.

🔍 들여다보기

Excalibur buffet 엑스칼리버 뷔페

JOIN US MORNING, NOON AND NIGHT.
아침, 정오 그리고 밤에 저희와 함께 하세요.

BREAKFAST 아침식사 LUNCH 점심식사 DINNER 저녁식사

TAKE 2 PASS 2식사권을 끊으세요.

BOTH BUFFETS ONE GREAT PRICE
두 뷔페를 아주 저렴한 가격으로

LUXOR&EXCALIBUR 룩소&엑스칼리버

ENJOY BOTH BUFFETS ALL DAY $35
두 뷔페를 하루 종일 35달러에 이용하세요.

bill / check
계산서

음식을 주문하면 식당 종업원이 주문한 음식 이름과 가격이 명시된 계산서를 갖다 주는데요, 영국에서는 계산서를 bill, 미국에서는 계산서를 check이라고 합니다. 식당에 따라서는 식사 후에 계산서를 달라고 요청하면, 테이블에 앉은 채로 계산이 가능합니다.

pull
당기세요

문에 붙어 있는 pull은 '당기세요', push는 '미세요'란 뜻입니다. 요즘에는 우리나라에도 한글 대신 영문으로 많이 표기되어 있어서 익숙한 단어지요.

🔍 **들여다보기**

PULL. 당기세요.

You can have things your way and push if you want, but this door is pretty stubborn.
마음대로 하실 수도 있으니 원하시면 미세요. 하지만 이 문은 고집이 꽤나 세답니다.

C'MON IN. 어서 들어오세요.

Relax. Take a load off. Eat up and enjoy. You're here to Have It Your Way.
마음 편히 하세요. 앉아서 좀 쉬세요. 먹으면서 즐기세요. 원하는 대로 넣어 먹으려고 왔잖아요.

no checks
수표는 안 받습니다

'수표'를 check이라고 합니다. 여행자들이 많이 쓰는 '여행자수표'는 traveler's check이라고 하지요. 레스토랑에 따라서는 수표를 받지 않는 곳도 있어서 현금이나 카드로 계산해야 하는 경우도 있습니다. 한편, We reserve the right to refuse service to anyone.은 미국 식당에서 종종 찾아볼 수 있는 안내문인데, 무례한 손님은 쫓아낼 수도 있다는 경고 문구입니다.

🔍 **들여다보기**

SORRY 죄송합니다.
NO CHECKS 수표는 안 받습니다.
NO EXCEPTIONS 예외는 없습니다.
WE RESERVE THE RIGHT TO REFUSE SERVICE TO ANYONE.
우리는 어느 누구에게도 서비스 제공을 거부할 수 있는 권한이 있습니다.

RESTAURANT

drive-thru
드라이브 스루

drive-thru[쥬러이ㅂ 쓰루우]는 drive-through의 줄임말로, 차에 승차한 채로 음식을 주문하고 받는 곳을 뜻합니다. 미국에서는 많이 보편화되어 있는데, 주로 패스트푸드점이나 커피숍에서 많이 운영하는 서비스지요. 차에서 내릴 필요 없이 편하게 앉은 상태로 음식을 주문하고 받아 가면 됩니다. 요즘에는 은행 ATM이나 약국에서 이런 서비스를 제공하기도 해요.

🔍 들여다보기

Please Be Prepared With Your Order And Payment So We Can Serve You Quicker! Thank You.
주문과 계산을 준비해 주시면 우리는 좀 더 신속하게 여러분을 모시겠습니다! 감사합니다.

Have it your way
원하는 대로 드세요

Have it your way를 직역하면 '네 방식대로 그것을 가져라.'란 뜻이지만 '마음대로 해라.', '좋을 대로 해라.'라는 의미로 흔히 쓰는 문장입니다. 패스트푸드점인 Burger King^{버커 킹}에서 볼 수 있는 문구인데요. 원하는 대로 다양한 재료를 넣어 햄버거를 먹을 수 있다는 광고 문구입니다.

🔍 들여다보기

HAVE IT YOUR WAY
원하는 대로 드세요

Means you get more of the stuff you like and less of the stuff you don't.
당신이 좋아하는 재료는 더 넣고 싫어하는 재료는 덜 넣어 드실 수 있다는 의미입니다.

EXTRA CHEESE + NO TOMATO + EXTRA KETCHUP + MORE ONIONS = YOUR WAY
치즈 추가 + 토마토 제외 + 케첩 추가 + 더 많은 양파 추가 = 당신의 방식

READ THE **SIGNS!**

식당에서 꼭 알아둘 영어 표지판

피쉬 앤 칩
(생선과 감자 튀김)
테이크아웃

늦게까지 열어요

아침식사, 점심식사, 저녁식사

24시간 영업합니다

여기서 주문해 주세요.

오늘의 요리

(싼 음식을 파는) 간이식당

피자

술집
BAR

bar / pub
술집

밤에 술 한 잔 하고 싶을 때는 bar나 pub을 찾으세요. 둘 다 '술집'이란 뜻이에요. 술을 파는 판매대를 bar라고도 하는데, 간식을 파는 판매대는 snack bar^{스낵 바}라고 합니다. 영국에서는 술집을 주로 pub이라고 하는데, 샌드위치나 fish and chips^{피쉬 앤 칩스}처럼 가볍게 요기할 수 있는 음식도 팔아요. 주로 커다랗게 음악을 틀어놓고 운영하는데, 우리나라 선술집처럼 왁자지껄한 분위기의 술집입니다.

bartender
바텐더

술집에서 술을 만들거나 서비스하는 사람을 bartender[바아르텐더르]라고 합니다. barkeeper[바아르키이퍼르]라고도 하지요. 한편 영국에서는 남자 바텐더를 barman, 여자 바텐더를 barmaid 라고도 합니다.

legal drinking age
합법적인 음주 연령

나라마다 음주 가능 연령 기준은 다릅니다. 우리나라는 만 19세부터 술을 마실 수 있지만, 미국에서는 만 21세가 되어야 음주가 가능합니다. 다른 나라와 비교할 때 음주 가능 연령이 꽤 높은 편이지요. 참고로 영국, 이탈리아, 프랑스의 음주 가능 나이는 만 18세 이상입니다.

 들여다보기

MUST BE 21 YEARS OF AGE TO PURCHASE ALCOHOL
술을 구입하려면 스물한 살이 되어야 합니다.

ID
신분증

신분증을 identification이라고 하는데, 짤막하게 줄여서 ID라고도 합니다. 미국은 음주 가능 연령이 엄격하기 때문에 술집이나 편의점에서 주류 구입 시 신분증을 확인하는 경우가 많습니다. 주로 driver's license^{운전면허증}를 신분증으로 많이 쓰는데, 여행객들은 신분증을 요구하면 passport^{여권}를 보여 주면 됩니다.

happy hour
할인 시간대

술집에서 한가할 때에 손님들을 끌기 위해 할인된 가격으로 술을 제공하는 시간대를 happy hour라고 합니다. 손님 입장에서는 할인된 가격으로 술을 마실 수 있어서 좋고, 가게 입장에서는 장사가 잘 안 되는 시간대에 손님들을 끌 수 있으니까 좋지요.

2 for 1
하나의 가격으로 두 개

쇼핑할 때도 흔히 볼 수 있는 문구인 2 for 1은 '하나의 가격으로 두 개'라는 뜻입니다. 예를 들어 맥주 한 잔이 3달러라면, 3달러에 맥주 두 잔을 마실 수 있다는 얘기죠. 우리나라의 1+1(원플러스원)과 같은 개념입니다.

🔍 들여다보기

HAPPY HOUR 할인 시간대
STANDARD DRINKS 보통 음료
2 FOR 1 하나의 가격으로 두 개
PREMIUM WINES 훌륭한 와인
COCKTAILS 칵테일
REDUCED PRICE 할인 가격

4 p.m. - 8 p.m. EVERY DAY!
매일 오후 4시부터 8시까지!

special
특별 제공

special은 형용사로는 '특별한'이란 뜻이 있는데요, 명사로는 '(식료품의) 특매품'이란 뜻도 있습니다. 그래서 레스토랑에서 today's special이라고 하면 '오늘의 특별요리'란 뜻이 되지요.

🔍 들여다보기

SPECIAL
특별 제공

ALL YOU CAN DRINK $25/person
한 사람당 25달러에 모든 것을 마실 수 있어요.

ALL KINDS OF BEER
모든 종류의 맥주

OPEN 12:00 A.M.
영업 오전 12시

COME AND DRINK
와서 마시세요.

free tasting
무료 시음

free는 '무료의'라는 뜻이고 tasting은 '맛보기', 즉 '시식, 시음'이란 뜻입니다. 와인 가게 중에는 무료로 시음을 할 수 있는 곳도 있으므로 이 표현을 잘 눈여겨보세요.

🔍 들여다보기

Natural wines cellar 천연 와인 저장고
OPEN NOW 지금 영업합니다.
FREE TASTING 무료 시음
WELCOME 환영합니다.

liquor
도수가 높은 술

술을 뜻하는 단어는 굉장히 다양한데요, liquor[(을)리커]는 위스키처럼 도수가 높은 술을 뜻합니다. '주류 판매점'을 liquor store라고도 하지요. 한편, '술'을 그냥 drink라고도 하지만, '술'이란 의미로 alcoholic drink란 표현을 쓰기도 합니다.

draft
생맥주

draft는 효모가 살아 있는 '생맥주'를 말해요. 유명한 맥주 브랜드 Miller Genuine Draft^{밀러 제뉴인 드래프트}는 미국에서 정말 많이 팔리는 맥주입니다. genuine draft는 '진짜 생맥주'라는 뜻인데, 열처리를 전혀 하지 않아 맥주 원래의 맛을 그대로 유지하고 있다는 데에서 나온 제품이라고 합니다. 네이티브들은 종종 Miller를 활용해서 It's Miller time.이라고 말하기도 하는데, 직역하면 '밀러 시간이야.'지만 '술 마시러 가자.'라는 의미로 많이 씁니다.

cocktail
칵테일

서로 다른 음료를 섞어서 만든 술을 cocktail^{칵테일}이라고 합니다. 대표적인 칵테일 중 하나인 mojito^{모히토}는 럼, 라임, 박하 등을 혼합한 칵테일이고, margarita^{마르가리타}는 데킬라와 오렌지 주스를 섞은 칵테일, pina colada^{피나 콜라다}는 럼, 코코넛크림, 파인애플 주스를 함께 섞은 술이지요. 호텔에서 칵테일이나 와인, 맥주를 마실 수 있는 술집을 cocktail bar라고도 합니다.

wine
포도주

특히 유럽 쪽에서 많이 마시는 술인 wine은 포도로 만든 과실주인데요. 라즈베리나 블루베리처럼 다른 과일로 담근 술을 wine이라고 하기도 합니다. wine의 종류는 굉장히 다양한데, 붉은 빛을 띠는 red wine^{적포도주}과 투명한 빛깔의 white wine^{백포도주}이 가장 대표적이지요. 옅은 붉은 빛을 띠는 rosé wine^{로제 와인}도 있는데, 장미색과 비슷하다고 해서 이런 이름이 붙었습니다.

상점
STORE

business hours
영업시간

가게의 영업시간을 business hours라고 합니다. 가게 입구에 영업시간을 나타내는 팻말이 붙은 것을 종종 볼 수 있는데요, 시간을 나타낼 때 쓰는 A.M.은 '오전', P.M.은 '오후'란 뜻이에요. 둘 다 라틴어에서 온 말로, A.M.은 Ante Meridiem, 즉 before midday^{정오 전}의 줄임말이고 P.M.은 Post Meridiem, 즉 after midday^{정오 이후}의 줄임말이지요.

closed
문 닫은

closed는 '문을 닫은'이란 뜻인데요, 가게 앞에 이렇게 쓴 팻말을 붙여 놓았을 때는 '휴업한, 폐점의'란 뜻으로 이해하면 됩니다.

🔍 **들여다보기**

CLOSED
문 닫은

WILL RETURN 10:30 P.M.
오후 10시 30분에 돌아오겠습니다.

Thank you!
감사합니다!

Please Come Again!
다시 와 주세요!

sale
세일

물건을 원래 값보다 싸게 파는 '세일, 염가판매'를 sale이라고 하는데요, '몇 퍼센트 할인'이라고 할 때는 뒤에 off를 붙여서 40% off ^{40퍼센트 할인}처럼 표기합니다. 앞에 '~까지'란 뜻의 up to를 넣어 up to 40% off라고 하면 '40퍼센트까지 할인'이란 의미로, 할인해 주는 최대 금액이 40퍼센트라는 뜻입니다.

🔍 **들여다보기**

Sale 세일
40% off 40퍼센트 할인
Everything on this rack 이 선반에 있는 모든 것
Price as marked 표시된 가격대로

store closing sale
폐업 정리 세일

폐업으로 인한 할인 판매를 store closing sale이라고 합니다. 가게가 문을 닫을 때 재고를 털어내기 위해 하는 세일이지요. total liquidation[토우를 (을)리퀴데이션]은 직역하면 '총정리'라는 뜻인데, 우리나라 식으로 말하면 '폐업 정리'란 의미예요.

buy one get one free
하나 사면 하나는 무료

쇼핑하다 보면 정말 많이 보게 되는 문구로, '하나를 구입하면 하나를 무료로 얻는다.'라는 의미입니다. BOGO라는 약자로도 써요. 마찬가지로 2 for 1도 '하나의 가격으로 두 개를 살 수 있다.'라는 뜻입니다. 한편 '원 플러스 원'은 콩글리쉬니까 주의하세요.

🔍 들여다보기

CLASSIC SUNGLASSES
고전적인 선글라스

Regular $9.95 each
정가 각 9달러 95센트

NOW BUY ONE GET ONE FREE!
지금 하나 사면 하나는 무료!

buy 2 get 1 free
두 개를 사면 하나는 무료

Buy 2 Get 1 free라는 문구도 가게에서 자주 볼 수 있습니다. '두 개를 구입하면 하나는 무료로 얻는다.'라는 의미지요. 참고로 Buy 1 get 1 50% off는 '하나 사면 하나는 50퍼센트 할인'이란 뜻입니다.

No food or drinks allowed
어떤 음식이나 음료도 허락 안 됩니다

allow는 '허락하다'란 뜻인데요, 의류나 잡화 매장에서는 음식이나 음료를 갖고 들어갈 수 없는 경우가 종종 있습니다. 이때는 다 먹거나 마신 후에 입장할 수 있습니다.

🔍 들여다보기

NO FOOD OR DRINKS ALLOWED INSIDE THE STORE
매장 안에서는 어떤 음식이나 음료도 허락 안 됩니다.

NO CART IS ALLOWED INSIDE THE STORE
어떤 카트도 매장 안에서는 허락 안 됩니다.

convenience store
편의점

다양한 먹을거리부터 여행에 필요한 잡화까지 여러 가지 물품을 구입할 수 있는 곳이 바로 convenience store[컨비니언 스또(에)]입니다. 미처 여행 전에 챙기지 못한 물품을 구입할 때도 아주 유용하지요. 또한, 호텔 냉장고에 있는 음료나 술보다 훨씬 저렴한 가격에 물건을 구입할 수 있습니다.

available inside
안에서 구입 가능

available[어베일러블]은 '사용 가능한'이란 뜻인데요, '입수할 수 있는, 얻을 수 있는'이란 뜻도 있습니다. 가게 앞에 "~avalible inside"라고 쓴 팻말이 있으면 ~을 구입할 수 있다는 의미가 됩니다.

🔍 들여다보기

Wake Up.
잠에서 깨세요.

Coffee & Energy Drinks Available Inside.
커피와 에너지 음료는 안에서 구입할 수 있어요.

STORE

Try it here
여기서 입어 보세요

동사 try는 '시도하다'란 뜻이 있지만 옷이나 모자 등을 몸에 걸쳐 보고 싶을 때도 '입어 보다', '신어 보다'라는 뜻으로 try를 사용합니다. Try it here!는 '여기서 입어 보세요!'라는 의미로, 옷 가게에서 볼 수 있는 글귀입니다. 참고로 옷을 갈아 입을 수 있는 탈의실은 fitting room[휘링 (우)루움]이라고 합니다.

receipt
영수증

상점에서 물건을 구입한 후에는 꼭 cash receipt[현금 영수증]를 받아두세요. 다른 물건으로 교환하거나 전액 환불 받아야 할 때 꼭 필요합니다.

credit card / debit card
신용 카드 / 직불 카드

결제할 때는 현금을 쓸 수도 있지만 신용 카드나 직불 카드를 쓸 수도 있습니다. debit card는 계좌에서 돈이 나중에 빠져나가는 credit card와 달리, 결제하는 즉시 돈이 빠져나가는 직불 카드를 말해요. 가게에 따라서는 지불 금액에 따라 카드를 안 받는 경우도 있으니 주의하세요.

🔍 들여다보기

All Credit/Debit Cards Must be a minimum of $5.00.
모든 신용 카드 및 직불 카드는 최소 5달러가 되어야 이용 가능합니다.

Thank You!!
감사합니다!!

READ THE **SIGNS!**
상점에서 꼭 알아둘 영어 표지판

up to 50%off

최대
50퍼센트까지
할인

지금 세일 중

재고정리 세일

1달러 할인점

최대 70퍼센트 할인

기념품

식료품점
빵 · 식료품

죄송하지만 문을 닫았습니다.

들어오세요. 영업 중입니다.

돈 워리 여행영어 별책부록

여행 갈 때 들고 가는
여행영어
핸드북

🔖 DARAKWON

**스마트폰으로
QR코드를 찍으세요!**

스마트폰으로 darakwon.co.kr에 접속하시면 MP3 실시간 재생 및 다운로드가 가능합니다.

무료 MP3

별책부록

여행 갈 때 들고 가는
여행영어 핸드북

Contents Don't worry!

공항에서	2
기내에서	6
교통	9
호텔에서	13
거리에서	18
관광	21
식당에서	24
술집에서	28
쇼핑	30
친구 사귀기	35
필수 영단어	38

공항

항공편을 예약하고 싶어요.
I would like to book a flight.
아이 우들라익 투 북커 플라잇

환전하다	탑승수속을 밟다
exchange money	check in
익쓰체인쥐 머니	체킨

항공편을 취소하다	비행기 예약을 확인하다
cancel my flight	confirm my flight
캔슬 마이 플라잇	컨훠엄 마이 플라잇

비행기 표를 구입하다	항공편을 바꾸다
get a plane ticket	change my flight
게러 플레인 티킷	체인쥐 마이 플라잇

공항

여권 좀 보여 주시겠어요?
May I see your passport, please?
메이 아이 씨이 유어ㄹ 패쓰포ㄹ트, 플리즈?

탑승권	입국신고서	신분증
boarding pass	immigration card	ID
보오ㄹ딩 패쓰	이미그레이션 카ㄹ드	아이디

운전 면허증	세관신고서	수하물 인도증
driver's license	customs declaration form	baggage claim tag
쥬라이버ㄹ쓰 (을)라이쓴스	커스텀쓰 데클러뤠이션 훠엄	배기쥐 클레임 택

공항: 장소

탑승구를 어디서 찾을 수 있어요?
Where can I find the boarding gate?
웨어ㄹ 캐나이 화인 더 보오ㄹ딩 게잇ㅌ?

환승 카운터
the transit counter
더 츄랜짓 카운터ㄹ

탑승수속 카운터
the check-in counter
더 체킨 카운터ㄹ

면세점
the duty-free shop
더 듀티 후리 샵

관광안내소
the tourist information desk
더 투어리스ㅌ 인훠ㄹ메이션 데스크

수하물 찾는 곳
the baggage claim area
더 배기쥐 클레임 에어뤼어

내 짐
my baggage
마이 배기쥐

화장실
the restroom
더 (우)레쓰추루움

공항버스 정류장
the airport limousine bus stop
디 에어포ㄹ트 (을)리머쥐인 버쓰땁

택시 승차장
the taxi stand
더 택씨 쓰땐드

지하철역
the subway station
더 써ㅂ웨이 쓰떼이션

3

공항: 입국심사 방문 목적은 무엇입니까?

What is the purpose of your visit?

와리즈 더 퍼ㄹ퍼써ㅂ 유어ㄹ 비짓?

당신의 국적 your nationality 유어ㄹ 내셔낼러티	**당신의 성** your last name 유어ㄹ (을)래쓰 네임
당신의 목적지 your destination 유어ㄹ 데스떠네이션	**당신의 이름** your first name 유어ㄹ 훠어ㄹ쓰 네임

공항: 입국심사 얼마나 머무를 예정입니까?

How long are you going to stay?

하울롱 아ㄹ 유우 고잉 투 쓰떼이?

여기서 머무르다 stay here 쓰떼이 히어ㄹ	**미국에 머무르다** stay in the USA 쓰떼이 인 더 유에쎄이
여행하다 be traveling 비이 츄래블링	**로마에 머무르다** stay in Rome 쓰떼이 인 로움

공항: 방문 목적 — 관광하러 왔어요.
I'm here for sightseeing.
암 히어ㄹ 훠ㄹ 싸잇씨잉

신혼여행으로 for my honeymoon 훠ㄹ 마이 허니무운	사업차 on business 언 비즈니쓰
휴가차 on vacation 언 베이케이션	관광하러 for pleasure 훠ㄹ 플레줘ㄹ
친척을 만나러 to visit relatives 투 비짓 (우)렐러티브ㅈ	친구를 만나러 to visit my friend 투 비짓 마이 후렌ㄷ
컨퍼런스에 참석하러 to attend a conference 투 어텐더 칸훠런쓰	공부하러 to study 투 쓰따디

공항: 체류 기간 — 일주일 동안이요.
For a week.
훠러 위익

3일 three days 뜨리이 데이즈	이주일 two weeks 투 위익스	한달 a month 어 먼쓰

5

공항: 환전

원화를 미국 달러로 환전하고 싶어요.
I'd like to exchange Korean won for U.S. dollars.
아이드 (을)라이크 투 익쓰체인쥐 코뤼안 원 훠ㄹ 유에쓰 달러ㄹ즈

뉴질랜드 달러 New Zealand dollars 뉴우 지일런드 달러ㄹ즈	**캐나다 달러** Canadian dollars 케네이디언 달러ㄹ즈	**호주 달러** Australian dollars 어쓰츄레일리언 달러ㄹ즈
파운드 pounds 파운ㅈ	**유로** euros 유로우ㅈ	**루피** rupees 루우피이ㅈ
페소 pesos 페이쏘우ㅈ	**엔** yen 엔	**위안** yuan 유우아안

 기내

좌석벨트를 착용해 주세요.
Please fasten your seat belt.
플리즈 패쓴 유어ㄹ 씨잇 벨트

간이 테이블을 올리다 secure your tray tables 씨큐어ㄹ 유어ㄹ 츄레이 테이블ㅈ	**좌석에서 기다리다** remain in your seat (우)리메이닌 유어ㄹ 씨잇
의자를 똑바로 세우다 put your seat in the upright position 풋 유어ㄹ 씨잇 인 디 업롸잇 퍼쥐션	**구명조끼를 착용하다** wear your life vest 웨어ㄹ 유어ㄹ (을)라이ㅍ 베스ㅌ

기내

자리를 바꿔도 될까요?
Can I change my seat?
캐나이 체인쥐 마이 씨잇?

창문 차양을 올리다	**지금 화장실을 사용하다**
open the window shade	use the lavatory now
오우쁜 더 윈도우 쉐이ㄷ	유우ㅈ 더 (을)래버터어리 나우

담요를 얻다	**물을 얻다**
get a blanket	get some water
게러 블랭킷	겟 썸 워러ㄹ

좌석을 뒤로 눕히다	**지나가다**
recline my seat	get through
(우)리클라인 마이 씨잇	겟 뚜루우

기내

커피랑 주스 중에 뭘 드릴까요?
Would you like coffee or juice?
우쥬울라익 커어퓌 오ㄹ 주우스?

닭고기와 쇠고기 중에 뭘	**담요 하나 더**
chicken or beef	another blanket
취컨 오ㄹ 비이ㅍ	어나더ㄹ 블랭킷

먹을 것 좀	**마실 것 좀**
something to eat	something to drink
썸띵 투 잇	썸띵 투 쥬링ㅋ

기내: 식사

쇠고기 주세요.

Beef, please.

비이ㅍ, 플리즈

닭고기 chicken 취컨	돼지고기 pork 포오ㄹ크	생선 fish 휘쉬
주스 juice 주우스	커피 coffee 커어퓌	물 water 워러ㄹ
콜라 coke 코욱ㅋ	사이다 sprite 쓰쁘롸잇ㅌ	환타 Fanta 퐨터
맥주 beer 비어ㄹ	와인, 포도주 wine 와인	차 tea 티이
우유 milk 밀ㅋ	오렌지 주스 orange juice 오오린쥐 주우스	녹차 green tea 그리인 티이

기내: 요청사항 담요 좀 갖다 주시겠어요?

Can I have a blanket?

캐나이 해버 블랭킷?

헤드폰 a headset 어 헤드쎗	신문 a newspaper 어 뉴쓰페이퍼ㄹ	베개 a pillow 어 필로우
숟가락 a spoon 어 쓰뿌운	포크 a fork 어 호오ㄹ크	냅킨 a napkin 어 냅ㅍ킨
잡지 a magazine 어 매거지인	위생봉투 an airsickness bag 언 에어ㄹ씨크니ㅆ 백ㄱ	물 some water 썸 워러ㄹ

교통: 시설 버스 정류장은 어디에 있어요?

Where is the bus stop?

웨어리즈 더 버쓰땁?

택시 승차장 taxi stand 택씨 쓰땐드	지하철역 subway station 써브웨이 쓰떼이션	기차역 train station 츄레인 쓰떼이션
버스 터미널 bus station 버쓰떼이션	주차장 parking lot 파아ㄹ킹 (을)랏	매표소 ticket office 티킷 어휘쓰

공항으로 가 주세요.
Please take me to the airport.
플리즈 테익 미 투 디 에어포ㄹ트

이 호텔	이 주소
this hotel	this address
디ㅆ 호우텔	디ㅆ 애쥬레ㅆ

이곳	그랜드 센트럴 역
this place	Grand Central Station
디ㅆ 플레이ㅆ	그랜ㄷ 쎈츄럴 쓰떼이션

이탈리안 식당	국립 박물관
an Italian restaurant	the national museum
언 이탤뤼언 (우)레쓰터런ㅌ	더 내셔늘 뮤(우)지이엄

케네디 공항	힐튼 호텔
Kennedy Airport	the Hilton Hotel
케너디 에어포ㄹ트	더 힐뜨은 호우텔

교통: 소요시간 공항까지 시간이 얼마나 걸려요?

How long does it take to the airport?

하울롱 더짓 테익 투 디 에어포르트?

거기에 도착하다
reach there
(우)리취 데어ㄹ

거기에 가다
get there
겟 데어ㄹ

시카고에 가다
go to Chicago
고우 투 쉬카아고우

이 호텔에 도착하다
get to this hotel
겟 투 디씨 호우텔

교통: 요금 요금이 얼마예요?

How much is the fare?

하우 머춰즈 더 훼어ㄹ?

공항까지 요금
the fare to the airport
더 훼어ㄹ 투 디 에어포르트

뉴욕까지 요금
the fare to New York
더 훼어ㄹ 투 뉴우 요오르크

이 호텔에 도착하는 것
it to get to this hotel
잇 투 겟 투 디씨 호우텔

시내로 가는 것
it to go downtown
잇 투 고우 다운타운

교통: 차 렌트

차를 렌트하고 싶어요.
I want to rent a car.
아이 원 투 (우)렌터 카아ㄹ

밴을 렌트하다	소형차를 렌트하다
rent a van	rent a compact car
(우)렌터 밴	(우)렌터 컴팩트 카아ㄹ

차를 반납하다	이 차를 사용하다
return the car	use this car
(우)리터언 더 카아ㄹ	유우즈 디쓰 카아ㄹ

교통: 차 종류

소형차 부탁해요.
A compact car, please.
어 컴팩트 카아ㄹ, 플리즈

준소형차	중형차	대형차
sub-compact car	mid-size car	full-size car
써브 컴팩트 카아ㄹ	밋 싸이즈 카아ㄹ	훌 싸이즈 카아ㄹ

오픈카	밴	고급 자동차
convertible car	van	luxury car
컨버어ㄹ러블 카아ㄹ	밴	(을)럭저리 카아ㄹ

교통: 주유소

휘발유 가득 넣어주세요.
Fill it up with gasoline, please.
휠리럽 위드 개썰리인, 플리즈

보통 무연 휘발유	고급 무연 휘발유	최고급 무연 휘발유
regular	plus	premium
레귤러	플러쓰	프리미엄

디젤	보통 무연 휘발유	최고급 무연 휘발유
diesel	unleaded	super unleaded
디이절	언리디드	쑤우퍼ㄹ 언리디드

호텔

어떻게 체크인할 수 있어요?
How can I check in?
하우 캐나이 체킨?

이 호텔에 도착하다	방을 예약하다
get to this hotel	book a room
겟 투 디쓰 호우텔	북커 (우)루움

이 컴퓨터를 사용하다	이 쿠폰을 사용하다
use this computer	use this coupon
유우ㅈ 디쓰 컴퓨러ㄹ	유우ㅈ 디쓰 쿠우판

인터넷에 연결하다	당신을 돕다
connect to the Internet	help you
커넥ㅌ 투 디 인터넷	헬퓨우

13

호텔: 프런트 — 제 신용카드 여기 있어요.

Here is my credit card.

히어리즈 마이 크레딧 카ㄹ드

제 여권 my passport 마이 패쓰포ㄹ트	제 카드 my card 마이 카ㄹ드	계산서 the bill 더 비일
아침식사 쿠폰 your breakfast coupon 유어ㄹ 브래훡쓰트 쿠우판	객실 열쇠 your room key 유어ㄹ (우)루움 키이	영수증 your receipt 유어ㄹ (우)리씨잇트

호텔: 객실 종류 — 금연방 부탁합니다.

I'd like a nonsmoking room, **please.**

아이드 (을)라이커 넌쓰모우킹 (우)루움, 플리즈

싱글 룸 (1인용 객실) single room 씽글 (우)루움	더블 룸 (2인용 객실) double room 더블 (우)루움	트윈 룸 twin room 트윈 (우)루움
스위트 룸 suite 쓰위이트	3인용 객실 triple room 츄리플 (우)루움	흡연방 smoking room 쓰모우킹 (우)루움

호텔: 시설

수영장이 있어요?
Do you have a swimming pool?
두 유우 해버 스위밍 푸울?

자동 입출금기	호텔 안내인	룸서비스
an ATM	a concierge	room service
언 에이티엠	어 칸씨에어ㄹ쥐	(우)루움 써ㄹ비스

편의점	헬스장	세탁실
a convenience store	a fitness center	a laundry room
어 컨비이니언 스또(어)	어 휫니쓰 쎈터ㄹ	어 (을)러언쥬뤼 (우)루움

호텔: 장소

식당은 어디예요?
Where is the dining room?
웨어리즈 더 다이닝 (우)루움?

프런트, 안내 데스크	비즈니스 센터	술집, 바
front desk	business center	bar
후런트 데쓰크	비즈니쓰 쎈터ㄹ	바아ㄹ

엘리베이터	로비	미용실
elevator	lobby	hair salon
엘리베이러ㄹ	(을)라비	헤어ㄹ 썰란

호텔: 영업시간 아침 식사는 몇 시에 시작하나요?

What time does breakfast start?

왓 타임 더즈 브랙휘쓰ㅌ 스따아ㄹ트?

아침 식사가 끝나다 breakfast finish 브랙휘쓰ㅌ 휘니쉬	식당이 문을 열다 the restaurant open 더 (우)레쓰터런ㅌ 오우쁜
이 술집이 문을 닫다 this bar close 디ㅆ 바아ㄹ 클로우즈	수영장이 문을 닫다 the swimming pool close 더 스위밍 푸울 클로우즈

호텔: 요청 룸서비스 부탁해요.

I would like room service, please.

아이 우들라익 (우)루움 써ㄹ비스, 플리즈

모닝콜 a wake-up call 어 웨이컵 콜	바다 보이는 방 a room with an ocean view 어 (우)루움 위던 오우션 뷰우
조용한 방 a quiet room 어 쿠와이엇 (우)루움	욕조가 딸린 싱글룸 a single room with a bath 어 씽글 (우)루움 위더 배쓰

호텔: 물품 요청 칫솔 더 얻을 수 있을까요?

Can I get an extra toothbrush?

캐나이 게런넥쓰츄라 투쓰브러쉬?

수건	면도기	베개
towel	razor	pillow
타우얼	(우)레이줘ㄹ	필로우

헤어 드라이어	열쇠	침대
hair dryer	key	bed
헤어ㄹ 쥬롸이어ㄹ	키이	베드

호텔: 객실 문제 제 방에 있는 TV가 작동 안 해요.

The TV in my room doesn't work.

더 티이비이 인 마이 (우)루움 더즌ㅌ 워어ㄹ크

에어컨	난방기	리모컨
air conditioner	heater	remote control
에어ㄹ 컨디셔너ㄹ	히이러ㄹ	(우)리모웃 컨츄로울

전화	냉장고	전등
phone	fridge	lamp
호운	후리쥐	(을)램ㅍ

샤워기	커피 끓이는 기구	침대 옆 스탠드
shower	coffee machine	bedside lamp
샤우어ㄹ	커어퓌 머쉰	벧싸이ㄷ (을)램ㅍ

거리: 길 찾기   여기가 어딘지 알려 주시겠어요?

Could you tell me where I am**?**

쿠쥬우 테일 미 웨어라이 엠?

우리가 어디에 있는지 알려 주다 tell me where we are now 테엘 미 웨어ㄹ 위 아ㄹ 나우	길을 가르쳐 주다 give me some directions 기브 미 썸 디렉션ㅅ
거기에 가는 방법을 알려 주다 show me how to get there 쑈우 미 하우 투 겟 데어ㄹ	이곳을 찾는 것을 도와주다 help me find this place 헬프 미 화인 디쓰 플레이쓰

거리: 길 찾기   이곳은 어떻게 가나요?

How can I get to this place**?**

하우 캐나이 겟 투 디쓰 플레이쓰?

이 호텔 this hotel 디쓰 호우텔	해변 the beach 더 비이취	공항 the airport 디 에어포ㄹ트
백화점 the department store 더 디파아ㄹ트먼트 스또(어)	병원 the hospital 더 하쓰삐를	콘서트홀 the concert hall 더 칸써ㄹ트 허얼

거리: 장소 찾기

이 근처에 주유소가 있어요?

Is there a gas station around here?

이즈 데어러 개 쓰떼이션 어라운드 히어ㄹ?

편의점 convenience store 컨비이니언 스또(어)	**백화점** department store 디파아ㄹ트먼ㅌ 스또(어)	**약국** drugstore 쥬럭스또(어)
은행 bank 뱅ㅋ	**택시 승차장** taxi stand 택씨 쓰땐드	**괜찮은 해변** nice beach 나이쓰 비이취
경찰서 police station 폴리이 쓰떼이션	**공원** park 파아ㄹ크	**우체국** post office 포으쓰떠어ㄹ휘ㅆ
쇼핑몰 shopping mall 샤핑 머얼	**커피숍** coffee shop 커어퓌 샵	**박물관** museum 뮤(우)지이엄

거리: 분실

가방을 분실했어요.
I lost my bag.
아이 (을)러어쓰ㅌ 마이 백ㄱ

거리: 도난

가방을 도난 당했어요.
My bag has been stolen.
마이 백ㄱ 해즈 빈 쓰또울른

짐	배낭	지갑, 핸드백
luggage	backpack	purse
(을)러기쥐	백팩ㅋ	퍼어ㄹ쓰

여권	신용카드	지갑
passport	credit card	wallet
패쓰포ㄹ트	크레딧 카아ㄹ드	월릿

휴대전화	스마트폰	카메라
cell phone	smartphone	camera
쎌 호운	쓰마ㄹ트호운	캐머러

거리: 아픈 증상 열이 있어요.
I have a fever.
아이 해버 휘버ㄹ

복통	귓병	요통
a stomachache	an earache	a backache
어 쓰떠머케이ㅋ	언 이레이ㅋ	어 백케이ㅋ

목 따가움	코 막힘	콧물
a sore throat	a stuffy nose	a runny nose
어 쏘어 쓰로우ㅌ	어 쓰떠휘 노우ㅈ	어 (우)러니 노우ㅈ

감기	기침	설사
a cold	a cough	diarrhea
어 코울ㄷ	어 커어ㅎ	다이어리이어

관광: 추천 어느 장소를 추천하시겠어요?
Which place do you recommend?
위치 플레이쓰 두 유우 (우)레커멘ㄷ?

해변	식당	커피숍
beach	restaurant	coffee shop
비이취	(우)레쓰터런ㅌ	커어퓌 샵

호텔	투어, 관광	박물관
hotel	tour	museum
호우텔	투어ㄹ	뮤(우)지이엄

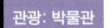 **관광: 박물관**

매표소는 어디예요?
Where is the ticket office?

웨어리즈 더 티킷 어어휘ㅆ?

선물가게	출구	입구
gift shop	exit	entrance
깊ㅌ 샵	엑짙	엔츄런쓰

화장실 (미국)	화장실 (영국)	엘리베이터
restroom	toilet	elevator
(우)레쓰츄루움	토일릿	엘리베이러ㄹ

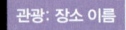 **관광: 장소 이름**

이 해변 이름이 뭐예요?
What is this beach called?

와리즈 디ㅆ 비이취 콜드?

공원	박물관	거리
park	museum	street
파아ㄹ크	뮤(우)지이엄	스츄릿

나무	다리	강
tree	bridge	river
츄리이	브리쥐	(우)리버ㄹ

관광 : 관람

영화는 언제[몇 시에] 시작해요?
When[What time] does the movie start?
웬[왓 타임] 더즈 더 무비 쓰따아ㄹ트?

공연 performance 퍼ㄹ훠어ㄹ먼쓰	콘서트 concert 칸써ㄹ트	쇼 show 쑈우
연극 play 플레이	뮤지컬 musical 뮤우지컬	퍼레이드 parade 퍼레이드
오페라 opera 어퍼러	발레 ballet 밸레이	투어 tour 투어ㄹ
축구 경기 soccer game 싸커ㄹ 게임	야구 경기 baseball game 베이쓰볼 게임	행사 event 이벤트

식당: 종류

한식당을 찾고 있어요.
I'm looking for a Korean restaurant.
암 (을)룩킹 훠러 코뤼안 (우)레쓰터런ㅌ

중식당 a Chinese restaurant 어 차이니즈 (우)레쓰터런ㅌ	일본 식당 a Japanese restaurant 어 줴퍼니이즈 (우)레쓰터런ㅌ
이탈리안 식당 an Italian restaurant 언 이탤리언 (우)레쓰터런ㅌ	프랑스 식당 a French restaurant 어 후렌치 (우)레쓰터런ㅌ
패스트푸드점 a fast-food restaurant 어 훼쓰ㅌ 후우ㄷ (우)레쓰터런ㅌ	뷔페 식당 a buffet restaurant 어 버휏 (우)레쓰터런ㅌ

식당: 영업시간

레스토랑은 몇 시까지 열어요?
How late is the restaurant open?
하울레잇 이ㅈ 더 (우)레쓰터런ㅌ 오우쁜?

이 중국식당 this Chinese restaurant 디ㅆ 차이니즈 (우)레쓰터런ㅌ	뷔페 식당 the buffet restaurant 더 버휏 (우)레쓰터런ㅌ
커피숍 the coffee shop 더 커어퓌 샵	카페테리아 the cafeteria 더 캐ㅍ훠티어리엄

식당: 음식 맛

맛이 있어요?
Does it taste good?
더짓 테이쓰트 굿?

달콤한	짠	신
sweet	salty	sour
쓰위잇ㅌ?	썰티	싸워ㄹ

맛 없는	신선한	이상한
bad	fresh	funny
배ㄷ	후레쉬	훠니

식당: 음식 종류

음료는 어떤 게 있어요?
What kind of beverages do you have?
왓 카인더ㅂ 베버리쥐즈 두 유우 해ㅂ?

샐러드 드레싱	애피타이저, 전채	소스
salad dressings	appetizers	sauces
쌜러 쥬레싱ㅅ	애피타이저ㄹ즈	싸씨ㅆ

음식	디저트, 후식	아이스크림
food	desserts	ice cream
후우ㄷ	디줘ㄹ츠	아이ㅆ 크리임

식당: 음식 주문

샐러드 주세요.
I'll have a salad, please.
아일 해버 쌜러ㄷ, 플리즈

스테이크	샌드위치	햄버거
a steak	a sandwich	a hamburger
어 쓰떼이ㅋ	어 쌘ㄷ위취	어 햄버ㄹ거

스파게티	피자	잘게 썬 감자 튀김
spaghetti	pizza	French fries
쓰뻐게리	피잇싸	후렌치 후라이ㅈ

같은 것	해산물 요리	수프
the same	the seafood	the soup
더 쎄임	더 씨이후우ㄷ	더 쑤웁ㅍ

식당: 고기 굽기

바짝 익혀 주세요.
I'd like it well-done, please.
아이ㄷ (을)라이킷 웰 던, 플리즈

덜 익힌	중간 정도로 익힌
rare	medium
(우)레어ㄹ	미이디엄

중간에서 살짝 더 익힌	중간에서 살짝 덜 익힌
medium-well	medium-rare
미이디엄 웰	미이디엄 (우)레어ㄹ

식당: 커피 주문 라떼 주세요.

I would like a latte, please.

아이 우들라이커 (을)라아테이, 플리즈

에스프레소 커피 an espresso 언 에쓰프레쏘우	카푸치노 a cappuccino 어 카아뿌치이노우	모카 a mocha 어 모우꺼
아이스 라떼 an iced latte 언 아이쓰ㅌ (을)라아테이	커피 좀 some coffee 썸 커어퓌	핫 초콜릿 a hot chocolate 어 핫 촤아컬릿ㅌ

식당: 커피 사이즈 큰 사이즈로 주세요.

I would like a Large, please.

아이 우들라이커 (을)라아ㄹ쥐, 플리즈

중간 사이즈 Medium 미이디엄	작은 사이즈 Small 쓰머얼

술집: 주문

맥주 한 잔 주세요.
I'll have a beer.
아일 해버 비어ㄹ

와인 한 잔
a glass of wine
어 글래쓰ㅂ 와인

위스키 한 병
a bottle of whisky
어 바틀어ㅂ 위쓰키

진토닉 한 잔
a gin and tonic
어 쥔 앤 타닉

브랜디 한 잔
a brandy
어 브뤤디

같은 걸로 한 잔 더
another of the same
어나더ㄹ 어ㅂ 더 쎄임

물 한 잔
a glass of water
어 글래쓰ㅂ 워어러ㄹ

술집

여기 앉아도 될까요?
Do you mind if I sit here?
두 유우 마인디ㅎ화이 씻 히어ㄹ?

담배를 피우다
smoke
스모우ㅋ

술 한잔 사다
buy you a drink
바이 유우 어 쥬링ㅋ

맥주 좀 마시다
drink some beer
쥬링 썸 비어ㄹ

와인 한 잔 더 마시다.
have another glass of wine
해버나더ㄹ 글래쓰ㅂ 와인

술집: 술 사기

이 술은 내가 살게요.
This drink **is on me.**

디쓰 쥬링크 이전 미

와인, 포도주	칵테일	맥주
wine	cocktail	beer
와인	칵테일	비어ㄹ

위스키	보드카	샴페인
whiskey	vodka	champagne
위쓰끼	바ㄷ커	샘페인

술집: 술 종류

맥주는 어떤 게 있나요?
What beers **do you have?**

왓 비어ㄹ즈 두 유우 해ㅂ?

적포도주	백포도주	위스키
red wines	white wines	whiskeys
(우)레ㄷ 와인즈	와잇ㅌ 와인즈	위쓰끼즈

보드카	샴페인	칵테일
vodkas	champagnes	cocktails
바ㄷ커즈	샘페인즈	칵테일즈

쇼핑: 의류

셔츠를 찾고 있어요.
I'm looking for a shirt.
암 (을)룩킹 훠러 셔어ㄹ트

스웨터 a sweater 어 쓰웨러르	티셔츠 a T-shirt 어 티 셔어르트	짧은 소매 셔츠 a short-sleeved shirt 어 쑈오르트 쓸리브ㄷ 셔어ㄹ트
우비 a raincoat 어 (우)레인코우ㅌ	정장 a suit 어 쑤웃ㅌ	긴 소매 셔츠 a long-sleeved shirt 어 (을)러엉 쓸리브ㄷ 셔어ㄹ트
치마 a skirt 어 쓰꺼어ㄹㅌ	원피스 a dress 어 쥬레쓰	블라우스 a blouse 어 블라우쓰
코트 a coat 어 코우ㅌ	재킷 a jacket 어 재킷	조끼 a vest 어 붸쓰ㅌ
청바지 jeans 쥐인즈	바지 pants 팬쓰	양말 socks 싹쓰
속옷 underclothes 언더ㄹ 클로우즈	스타킹 stockings 쓰따킹즈	잠옷 pajamas 퍼좌아머즈

쇼핑: 잡화

모자를 찾고 있어요.
I'm looking for a hat.
암 (을)룩킹 훠러 햇

(앞에 챙이 달린) 모자 a cap 어 캡	넥타이 a tie 어 타이	스카프 a scarf 어 쓰까아ㄹ흐
목걸이 a necklace 어 넥클리쓰	반지 a ring 어 (우)링	귀걸이 earrings 이어ㄹ링ㅈ
향수 a perfume 어 퍼어ㄹ휴움	손목시계 a watch 어 와취	손수건 a handkerchief 어 행커ㄹ취ㅎ
신발 shoes 슈우ㅈ	장갑 gloves 글러브ㅈ	선글라스 sunglasses 썬글래씨ㅈ

쇼핑: 장소

근처에 할인점이 있나요?
Is there a discount shop nearby?
이즈 데어러 디쓰카운트 샵 니어ㄹ바이?

백화점 department store 디파아ㄹ트먼트 쓰또오ㄹ	쇼핑몰 shopping mall 샤핑 머얼	슈퍼마켓 supermarket 쑤퍼ㄹ마킷
서점 bookstore 북쓰또오ㄹ	신발가게 shoe store 슈우 쓰또오ㄹ	옷 가게 clothing store 클로우딩 쓰또오ㄹ
장난감 가게 toy store 토이 쓰또오ㄹ	식료품점 grocery store 그로우쎄리 쓰또오ㄹ	빵집 bakery 베이꺼리

 쇼핑

이 가방이 마음에 들어요
I like this bag.
아일라익 디쓰 백ㄱ

이 물건 this one 디쓰 원	이 재킷 this jacket 디쓰 재킷	이 신발 these shoes 디이즈 슈우즈
이 디자인 this design 디쓰 디좌인	그 스타일 that style 댓 쓰따일	그 색깔 that color 댓 칼러ㄹ

가격 좀 깎아 주시겠어요?

Could you give me a discount?

쿠쥬우 기ㅂ 미 어 디쓰카운ㅌ?

영수증	계산서 (영국)	계산서 (미국)
the receipt	the bill	the check
더 (우)리씨잇ㅌ	더 비일	더 첵ㅋ

저것	이것	도움
that one	this one	a hand
댓 원	디쓰 원	어 핸ㄷ

이 넥타이를 교환하고 싶어요.

I would like to exchange this tie.

아이 우들라익 투 익쓰체인쥐 디쓰 타이

이 원피스	이 신발
this dress	these shoes
디쓰 쥬레쓰	디이즈 슈우즈

이걸 좀 더 큰 사이즈로	이걸 좀 더 작은 사이즈로
this for a larger size	this for a smaller size
디쓰 훠러 (을)라아ㄹ줘ㄹ 싸이즈	디쓰 훠러 쓰머얼러 싸이즈

이걸 다른 걸로	이걸 다른 사이즈로
this for another one	this for another size
디쓰 훠러나더ㄹ 원	디쓰 훠러나더ㄹ 싸이즈

쇼핑: 제품 색

이거 빨간색 있어요?

Do you have this in red?

두 유우 해ㅂ 디씬 (우)레ㄷ?

검은색 black 블랙	흰색 white 와잇ㅌ	회색 gray 그레이
베이지색 beige 베이쥐	갈색 brown 브라운	파란색 blue 블루
초록색 green 그리인	노란색 yellow 옐로우	분홍색 pink 핑ㅋ
주황색 orange 오오린쥐	보라색 purple 퍼어ㄹ플	상아색 ivory 아이버리

쇼핑: 제품 상태

이거 저한테 너무 꽉 껴요.

This is too tight on me.

디씨ㅈ 투우 타이런 미

헐렁한 loose (을)루우ㅆ	작은 small 쓰머얼	큰 big 빅

쇼핑: 제품 사이즈

이거 큰 사이즈 있나요?

Do you have this in Large?

두 유우 해ㅂ 디씬 (을)라아ㄹ쥐?

| 작은
Small
쓰머얼 | 중간의
Medium
미이디엄 | 특대의
Extra Large
엑쓰츄러 (을)라아ㄹ쥐 |

친구 사귀기

어디에서 왔어요?

Where do you come from?

웨어ㄹ 두 유우 컴 후럼?

| 지금 살고 있다
live now
(을)리ㅂ 나우 | 일하다
work
워ㄹ크 |

| 주로 외식하다
usually eat out
유우주얼리 이라웃 | 점심 먹으러 가다
go to have lunch
고우 투 해ㅂ (을)런취 |

친구 사귀기

다시 만나서 기뻐요.
I'm glad to see you again.
암 글래 투 씨이 유우 어겐

당신을 만나다
meet you
미이츄우

당신과 여행하다
travel with you
츄래블 위드 유우

당신과 함께하다
be with you
비 위드 유우

그 말을 듣다
hear that
히어ㄹ 댓

친구 사귀기

런던에는 처음 오셨나요?
Is this your first trip to London?
이즈 디쓰 유어ㄹ 훠어ㄹ쓰 츄립 투 (을)런든?

뉴욕
New York
뉴우 요오ㄹ크

시카고
Chicago
쉬카아고우

파리
Paris
패리쓰

캐나다
Canada
캐너더

일본
Japan
쮀팬

홍콩
Hong Kong
항컹

친구 사귀기 | 오늘 밤 계획이 뭐예요?

What are your plans for tonight?

와라 유어ㄹ 플랜ㅈ 훠ㄹ 투나잇?

내일 아침 tomorrow morning 투마로우 모오닝	휴일 the holidays 더 할리데이ㅈ
여름휴가 summer vacation 써머ㄹ 베이케이션	**이번 여름** the summer 더 써머ㄹ

친구 사귀기 | 어떤 도시를 방문하고 싶어요?

Which city do you want to visit?

위치 씨디 두 유우 원 투 비짓?

나라 country 컨츄리	섬 island 아일런ㄷ	장소 place 플레이쓰
대륙 continent 칸터넌ㅌ	**박물관** museum 뮤(우)지이엄	**가게** store 쓰또오ㄹ

여행에서 꼭 쓰는 필수 영단어

숫자

0	**zero** 쥐어로우	17	**seventeen** 쎄븐티인
1	**one** 원	18	**eighteen** 에잇티인
2	**two** 투우	19	**nineteen** 나인티인
3	**three** 뜨리이	20	**twenty** 트웨니
4	**four** 훠어	30	**thirty** 떠어ㄹ티
5	**five** 화이브	40	**forty** 훠어ㄹ티
6	**six** 씩쓰	50	**fifty** 휲ㅎ티
7	**seven** 쎄븐	60	**sixty** 씩쓰티
8	**eight** 에잇트	70	**seventy** 쎄븐티
9	**nine** 나인	80	**eighty** 에잇티
10	**ten** 텐	90	**ninety** 나인티
11	**eleven** 일레븐	100	**one hundred** 원 헌쥬레드
12	**twelve** 트웰브	1천	**one thousand** 원 따우전ㄷ
13	**thirteen** 떠어ㄹ티인	1만	**ten thousand** 텐 따우전ㄷ
14	**fourteen** 훠어ㄹ티인	10만	**one hundred thousand** 원 헌쥬레ㄷ 따우전ㄷ
15	**fifteen** 휲ㅎ티인	100만	**one million** 원 밀리언
16	**sixteen** 씩쓰티인		

요일

월요일	Monday 먼데이	금요일	Friday 후라이데이
화요일	Tuesday 튜우ㅈ데이	토요일	Saturday 쌔터ㄹ데이
수요일	Wednesday 웬ㅈ데이	일요일	Sunday 썬데이
목요일	Thursday 떠어ㄹㅈ데이		

월

1월	January 쩨뉴어리	7월	July 주울라이
2월	February 훼브루어리	8월	August 어어거쓰ㅌ
3월	March 마아ㄹ취	9월	September 쎕템버ㄹ
4월	April 에이쁘럴	10월	October 악토우버ㄹ
5월	May 메이	11월	November 노우벰버ㄹ
6월	June 주운	12월	December 디쎔버ㄹ

위치

~건너편에	across from 어크러어쓰 후럼	~앞에	in front of 인 후런터ㅂ
~뒤에	behind 비하인ㄷ	~옆에	next to 넥쓰투
~사이에	between 비트위인	~위에	on 언
~안에	in 인	~아래에	under 언더ㄹ

〈돈워리 여행영어〉에 나오는
패턴과 단어를 한눈에!
그때그때 찾아서 바로 말한다!!